珍藏本·增订本

纪念版

汉译世界学术名著丛书

俄国各阶层史

〔俄〕瓦·奥·克柳切夫斯基 著

徐昌翰 译

В. О. Ключевский

ИСТОРИЯ СОСЛОВИЙ

В РОССИИ

（1886 年莫斯科大学讲义）

根据彼得格勒人民教育委员部文献出版处 1918 年第三版译出

汉译世界学术名著丛书
（120 年纪念版·珍藏本）
增订本出版说明

2017 年 10 月，为纪念商务印书馆创立 120 周年，本馆推出“汉译世界学术名著丛书”（120 年纪念版·珍藏本），计七百种。近五六年来，仰赖学界同人倾力支持，订正旧译，增补新译，拓展新著，积累日多。为满足读者需要，本馆在七百种的基础上，继续推出“汉译世界学术名著丛书”（120 年纪念版·珍藏本·增订本）三百种。至此，“汉译世界学术名著丛书”累计出版已达千种。

今后，本馆将继续推进丛书的翻译出版工作，在积累单本名著的基础上陆续分辑刊行，汇印出版。为促进中外文明互鉴、推动我国学术发展，使“汉译世界学术名著丛书”这项对我国学术文化有基本建设意义的重大工程发挥更大作用，诚望海内外学术界、翻译界继续给予支持，帮助我们把这套丛书出得更好。

商务印书馆编辑部

2024 年 2 月

汉译世界学术名著丛书
（120 年纪念版·珍藏本）
出 版 说 明

2017 年 2 月 11 日，商务印书馆迎来 120 岁的生日。120 年前，商务印书馆前贤怀揣文化救国的理想，抱持“昌明教育，开启民智”的使命，立足本土，放眼寰宇，以出版为津梁，沟通中西，为中国、为世界提供最富智慧的思想文化成果。无论世事白云苍狗，潮流左右激荡，甚至战火硝烟弥漫，始终践行学术报国之志，无改初心。

迻译世界各国学术名著，即其一端。早在 20 世纪初年便出版《原富》《天演论》等影响至今的代表性著作，1950 年代后更致力于外国哲学和社会科学经典的译介，及至 1980 年代，辑为“汉译世界学术名著丛书”，汇涓为流，蔚为大观。丛书自 1981 年开始出版，历时三十余年，迄今已推出七百种，是我国现代出版史上规模最大、最为重要的学术翻译工程。

丛书所选之书，立场观点不囿于一派，学科领域不限于一门，皆为文明开启以来，各时代、各国家、各民族的思想与文化精粹，代表着人类已经到达过的精神境界。丛书系统译介世界学术经典，引领时代思想，为本土原创学术的发展提供丰富的文化滋养，为推动中国现代学术和现代化进程做出了突出的贡献。

为纪念商务印书馆成立120周年，我们整体推出“汉译世界学术名著丛书”120年纪念版的珍藏本，寄望既利于文化积累，又便于研读查考，同时向长期支持丛书出版的译者、编者和读者致以敬意。

两甲子后的今天，商务印书馆又站在了一个新的历史时间节点上。我们不仅要铭记先辈的身影和足迹，更须让我们的步伐充满新的时代精神。这是商务人代代相传的事业，更是与国家和民族的命运始终紧密相连的事业。我们责无旁贷，必须做好我们这代人的传承与创造，让我们的努力和成果不仅凝聚成民族文化的记忆，还能成为后来人可以接续的事业。唯此，才能不负前贤，无愧来者。

商务印书馆编辑部

2017年10月

目　录

前　言

这次出版的《俄国各阶层史》是瓦·奥·克柳切夫斯基教授于 1886 年秋季这一学年在莫斯科大学讲学的教材。就主题而言，作者从写作《大贵族议政会》开始，到写作值得纪念的论文《俄国农奴制的起源》(1885 年）和论文《人头税及俄国家奴制的废除》为止，他在这一时期积极献身的活动领域，都与本书密切相关。《人头税及俄国家奴制的废除》一文发表于《俄国思想界》杂志的同时，正是先生讲授“俄国各阶层史”之时（1886 年 9、10 月）。此外，在先生为文史系三、四年级开设的其他专题课程中，俄国阶层史一直占有较大分量（如先生的另一门专题课“俄国历史名词”，讲义也将出版）。但这类对俄国社会阶层结构做一般性历史考察的课程，先生也只开过一次。他曾多次指出，俄国史学著作中关于阶层史的概论还是一片空白。先生提出：“我开设这门课程希望能多少填补这一空白，故谨将简明扼要有如史纲的俄国各阶层史奉献于世，以求说明各阶层在最终形成之前的相互关系。”（见本书第四讲）时至今日，历史虽已过去四分之一世纪有余，但本书的这一意义显然仍未丧失。不过先生始终未得其暇把这一工作进行到他预定的历史时期（即 1785 年特权书状的颁布），仅写到彼得一世在位末期即告辍笔。对彼得以来俄国阶层制的发

展，先生只作了极为概略的叙述。先生的《俄国各阶层史》同他在这一领域的其他论著相比，其重要特色在于本书做出了某些具有普遍意义的结论，即自出现阶层分化开始，至各阶层完全趋于一致、阶层消亡为止的这一期间俄国和西欧各国阶层制进化所遵循的普遍历史规律。前三讲为本门课程的导论，专门阐述的正是这一饶有兴味的理论问题。

这门课每周进行一次，每次两小时，时间为周三中午 12 时至下午 2 时。课程始于 1886 年 9 月 3 日，持续到 12 月。这门课程是选修课，并非专为某系或某年级所设，也不进行任何考试或测验。尽管如此，自第一讲起，课程即被安排于文科大教室。这是当时莫斯科大学新楼中最大的一间教室，先生讲授共同课时一般均假此进行。对教室的这种安排看来非常妥当：该课虽被定为选修课，而且专业性较强，但整个大教室仍座无虚席。以后每次讲课都在这一教室进行，听众之踊跃丝毫不亚于先生平时讲授共同课的盛况。

这一学期，克柳切夫斯基先生没有开设共同课，并宣称代之以“阶层史”。先生曾对笔者言及当时这种安排的原委。早在 1885—1886 学年前，先生连续两年一直讲授俄国史共同课，每周两课时，其中一年为俄国古代史，另一年为近代史，是文史系一、二年级及法学系一年级的必修课。但自 1885 年起，由于实行 1884 年规定的大学新章程，教学计划有所变更。首先是法学系学生已不再把俄国史作为必修课，故先生于 1885—1886 年讲授俄国近代史，只作为文史系历史班学生的必修课。尽管先生课上的听众并未因此而有所减少，法学系学生仍照常报名听讲，甚至其他系学生也来旁听，但毕竟是纯属出于自愿的旁听生。此外，自 1885 年起，系的教学计划也有变动，即俄国史这门共同课，教学时间已由过去的两学年减为两学期，而且课程的安排由 1887 年元月始。因此，先生的共同课也只有等到 1887 年才能开设。1886 年第二学年的空余便成为他开设并亲自讲授目前出版的《俄国各阶层史》的原因。笔者于 1886—1887 学年曾以石印本出版这一课程的讲义。此外，先生同时还为四年级学生开设罗斯法典和普斯科夫法典课程，每周两课时。

笔者与诸同窗当时正就学于三年级历史班。按先生原来的教学计划，每到三、四年级，他通常总要开设一门有关俄国史的专门课程。故“阶层史”一科虽被宣布为选修课，但我们却很自然地从道义上把它视为必修课，很多人对之发生强烈的兴趣。除历史班全体报名参加外，据了解法律系也有很多学生，尤其是一、二年级学生纷纷报名参加。开讲前，大家要求石印讲义。由于笔者过去曾担任俄国近代史讲义的出版工作，便公推我负责出版这套讲义，同教授进行商谈。笔者于当天就完成这一任务。先生起初对出版选修课讲义在物质上是否具备条件表示怀疑，因为当时就非考试科目为学生石印讲义从未有过先例。然而看来，先生当时并不知道报名听这门非必修课的人数竟有如此之多。笔者当即表示，就出版讲义的物质条件而言，我们颇有信心，不怕承担风险。对我们来说，问题不在于此，而在于先生是否允许我们出版。其次是先生是否能在出版前对我们的笔记进行审订。这对我们尤为重要，因为这是一门新课，我们手头没有已经审订的出版物可资参考。此外，笔者又预先向先生申明，讲义只供听课学生使用，

绝不向外界发表；在印数容许的情况下，若有外人希望得到讲义，只有经作者允许后，这种要求才能个别予以满足。先生慨然允诺。

与笔者共同担任讲课记录的还有同级生阿·阿·基泽韦杰尔与瓦·妮·斯托罗热夫。两天后，笔者按记录将9月3日的两讲笔记整理完毕，并于9月6日将手稿送教授审订。先生治学严谨为笔者素知，甚至早已讲授多次的共同课，先生在讲义审阅上，仍一丝不苟。然而在审订这门专题课讲义时，先生表现的严肃认真态度，竟大出笔者的预料。应该指出，为他讲课做记录并不十分困难：先生讲得从容不迫，从来条理分明，深入浅出。因此由三份记录综合而成的讲稿，其准确性与速记稿不相上下。模糊不清或脱漏之处难得一见。综合整理成文时，偶尔也会遇到某些疑难，但也仅限于某词应用单数还是复数之类的问题而已。先生采用审订的方法通常为每周一次，时间定在讲课后的第三天或第四天，这时笔者已将记录整理完毕，便于傍晚5—6点钟前往先生寓所，在写字台旁据稿复诵。先生边听边改，或口授增补内容。这时他通常都在书斋中往来踱步，有时也在沙发上小坐，偶逢先生精力不济或身体不适，则偃卧于沙发之上。工作往往持续三四小时之久。有时笔者告辞出门时，竟已是夜阑人静的时分了。总之，先生为印前审订讲稿所耗费的时间，已大大超过课堂讲授的时间。笔者从一开始就意识到，先生校订阶层史的工作，同多数教授审订讲义承印人的记录稿，态度迥然不同，绝不是随手翻动一下学生的笔记，订正几处错讹脱漏，改动几个错别字便了事。这不仅是一次审订，还是一次内容和风格的改造，有些地方往往对口头表述进行彻底的改换，尤其当涉及阶层制历史进程中较重要的时

期。因此我不禁产生一个信念：即使是那些读者面极为广泛的作家，对待作品的态度也未必会像先生这样极端认真。他是连最小的细节也不随意放过（诸如“另起一行”、某些词的拼写和标点符号，等等）。其实，先生的这部讲义的读者对象在数量上是极其有限的。由此可见，这种态度远远不是出自教师的责任感。后来笔者才渐渐明白，这完全是这位学界巨子、文学和思想大师一贯的工作作风。不论他从事科学活动还是文学活动，也不论读者多少，甚至不论这些读者是否值得他为之劳动，先生的工作方式都是一贯如此。我意识到，尽管我们都是他的学生，也无权侵占他如此大量的业余时间，曾多次以个人和同学的名义，对因请他审订记录稿而造成始料不及的负担表示歉意。

笔者遵照先生指示，凡有改动增删之处，均一一用铅笔标出。因为许多地方和许多表述方式虽经反复研读斟酌，却仍需反复擦拭，加以修改。结果记录稿同石印本相比，在很多地方都做了相当大的改动。看来，不少改动是先生力图以更通俗的形式向听众表述学科中许多观点的结果：从先生在一次讲课时提到的情况来看（见第十四讲），他对于他的听众多数由法科低年级生及由于缺乏专门知识而对理解法律准则存在困难的文科生构成这一情况是了解的。审订时，他常把大部分记录稿搁置一旁，向我重新口授内容，安排与原来全然不同的表述方式。笔者把手头保存的记录稿上还能将课堂表述方式复原的地方，同先生为付印所做的改动做了对比，作为附录列于书后。笔者认为这样的对比是颇有意义的，因为它能对“研究克柳切夫斯基先生的科学创作过程，在描述他研究我国古代法律制度进行的顽强细致、努力不懈的分析工作上，提供新的素材”[1]。这种对比同时又为我们提供了极有教益的榜样，即先生对于他那实际上相当出色的口头即兴发挥所持的客观态度。他对自己的著作没有一般作者常有的那种舍不得割爱之心，坚决以他经过深思熟虑而认为是更科学、更有利于读者理解的表述方式来代替记录稿中的口头表述方式。我们这些听过他生动活泼讲授的听者，后来再看他的石印讲义，起初很难摆脱某些改动引起的惋惜之情。我们记录的人深怕在大家感到十分亲切可贵的讲演中漏记一个词，因而对先生后来在审订中亲手删掉的许多地方甚至有点想不通。

由于讲义的修改加工进行得如此细致，而且每周同先生仅有一次共同工作的机会，因而我们的进度大大落后于课程的进度。于是先生便命我增加到他家去工作的次数。到秋末，我每周去找他的次数已增为二到三次。此外，到 12 月份，他没有来得及把课讲完，于是向听讲者宣布，余下部分以口授方式经石印后分发。最后审订和口授工作一直进行到 1887 年 1 月底，石印出版工作至 2 月中旬方告完成。笔者不能不在这里提及一件感人至深的事情，说明先生对学生的利益是何等关怀：1887 年 2 月 9 日，先生曾苦于剧烈的牙痛，甚至呻吟不止。我见他如此痛苦，便建议审订工作改期进行。但先生却执意不肯，一直坚持着完成了日常进度。还有一次他头疼难忍，几乎说不出话来，不时以嗅阿摩尼亚水止疼，但却始终不改变原来安排的工作计划。最后还有一种情况：工作时往往会遇到一些与他相契的教授或熟人来访，先生均一概

① 见阿・尤什科夫:《经验与研究》，附录部分 1 页。

拒之门外，尽管同这些人在一起，将比同一个讲义承印人、一个每次来访都使他劳心费神的学生在一起度过时光要愉快得多。

石印讲稿共印200册，每册196页，其大小为印讲义常见的四开本。整个抄写工作由一人完成，扉页绘有彩色花饰，上书："俄国各阶层史（讲义），瓦·奥·克柳切夫斯基教授，1886—1887年度上学期"。从手头保存的名单来看，订购者主要是法科学生，大多为一年级生，其中不少人目前在政府和法院身居高位要职。讲义于1887年当年内即告销售一空，到1890年代初，竟已成为珍本。作为出版者，甚至笔者自己也没有完整的一册，幸而我手头还存有先生亲笔校订的原稿。尽管抄写者十分仔细认真，石印本中仍出现一些错误。经与原稿仔细核对，这些错误在本版中业已消除。

上述情况表明，目前这一版本无疑是得到作者认可的版本。正如先生逝世后不久，一家报纸在评论中公正指出的：《俄国各阶层史》是一部已完全完成出版准备工作的著作。这门课后来先生再也没有讲过。

本书同"俄国史"共同课讲义一样，很少标明史料及引文来源，因为克柳切夫斯基先生即使在他撰写的专论中，也不喜欢以大量脚注把表述搞得累赘臃肿。这部讲义的引文和脚注的阙如，还有另一种特殊情况，即克柳切夫斯基对俄国阶层制历史上内容最广泛、最有趣的整个莫斯科国家阶段的研究，主要建立在他个人饱览博学的基础上，先生对浩如烟海的档案资料非常熟悉，他直接研究过数量巨大的17世纪档案文献，尤其是收藏于司法部莫斯科档案馆的那一大批资料。他在一门专题课上，在谈到17世纪衙门文牍秘书机构时，曾就他研究这批档案的工作十分含蓄地说："正是这样一批工场，制造出一大堆文牍资料，弄得我们至今围着它忙忙碌碌，而能够深入进去的仅仅是其中的有数几处。”[1] 笔者由于职务关系，曾在莫斯科国家档案资料的汪洋大海中埋头工作了约六个年头。惟其经历过这样的环境，才对这位已故师长罕见的博学和惊人的工作能力开始有所认识。先生对浩如烟海的史料掌握得如此透彻，而对自己工作的评价又是那样的自谦。当笔者有机会翻检集中了莫斯科国家政治经济生活大量基本线索的军务衙门和领地衙门的大量文档时，每前进一步，不由得都要想起先生在《阶层史》中提出过的一些观点，有时不由自主竟会出现这样的念头："当年他看到的是否就是这一件呢？"其实这类文件在那里真可以说是成千上万。我不妨举这样的一个例子：当先生讲课时谈到外省贵族的上层——选任贵族时，他指出，这些人"除定期参加远征外，还应召到莫斯科担任各种宫廷职务"（见第十五讲）。笔者在领地衙门莫扎伊斯克市文卷中见到保存有 17 世纪上半叶莫扎伊斯克地主伊万·彼得罗维奇·萨韦洛夫（长子）生平的记载。此人后来进入教会，教名约阿基姆，1674 年起任莫斯科总主教。[2] 这个伊万·彼得罗维奇于 17 世纪 40 年代曾"被选任"莫扎伊斯克县贵族，同时担任宫廷掌酒官和御膳房副司库，这就为克柳切夫斯基所说的"选任"贵族同时担任宫廷职司这种一笔带过的论断做出极为准确的证明。不过笔者可以肯定断言，先生并没有研究过领地衙门的莫扎伊斯克文档。他所以能做出这样的概括，完

① 《俄国历史名词》，1884—1885 学年度讲义。

② 见《萨韦洛夫家族史料》，莫斯科，1894 年。

全是观察了大量其他档案史料得出的结论。这个问题虽属细枝末节，却证实了先生在档案资料上的功夫之深，只是这位学者虚怀若谷，极少夸扬他个人的贡献，因此这些成就不易为肤浅的观察者所察觉而已。

瓦·奥·克柳切夫斯基的这部著作即将问世，而手稿却与他身后留下的所有其他手稿一样，统统保存在许多私人手中。把它转归相应的社会保管部门，如今已成为当务之急。

阿·尤什科夫

1913年3月

第一讲

本科研究对象—阶层的概念—何谓阶层权利？—阶层权利与特权、职权的区别—阶层权利划分为政治权利与公民权利—两者对各阶层的相对意义—阶层义务划分为人身义务和物质义务、直接义务和间接义务

【本科研究对象】 我所讲授的这门学科，是对叶卡捷琳娜女皇于1785年颁布特权书状以前俄国各阶层的历史做一简要概述。我之所以把叶卡捷琳娜的法令作为本学科的下限，是因为这些法令最终结束了发端于古罗斯莫斯科国家建立之初的俄国各阶层形成过程。自上述特权书状公布之日起，法令规定的俄国社会的阶层制有些部分已焕然一新，有些部分甚至已完全不存在。为了明确本科的教学大纲和教学目的，我想就这门学科所研究的历史现象的范围、性质，先作某些一般性的说明。

【阶层的概念】 阶层（ordo 或 status，法语为 état，德语为 stand），这是国家法的一个术语，它意味着一定系列的政治设施。人们把按权利和义务划分的社会等级称为阶层。国家最高当局通过法律来表达自己的意志，向这些阶层授予或为他们规定权利和义务。因此，阶层划分完全是法律上的划分，它同根据经济条

件、智力条件、道德条件乃至体力条件进行的其他社会划分不同，是经法律认可的。在阶层划分中，重要的以及比较易于察觉的标志是权利的差异，而不是义务的差异。只要对上述两概念做一简单分析，便可发现当人们谈到各阶层在义务上不同时，其实指的是权利上的差异：具有不同权利的社会等级所负担的国家义务可以是相同的，但如果给他们规定不同的义务，他们就不可能享有同等的权利。某社会等级不享有其他等级的权利，这并不会加重它的义务；反之，如果某社会等级摆脱了为其他等级规定的义务，就会给它带来比其他等级更多的、尽管可能起消极作用的权利。此外，国家规定的义务有轻有重，如果只是将这些义务在各社会等级之间加以分配，而不是在每一个人之间加以分配，那么这种分配比例将使负担较轻的等级受惠，使他们在法律关系之流中处于比其他等级更为优越的地位。简而言之，阶层义务的不平等虽不取决于各阶层权利的不平等，但不平等的义务在任何情况下都将导致产生不平等的权利。也就是说，义务是划分阶层的偶然性特征，这一点可以从国家义务的法律性质得到解释：国家联合体的目的在于保护合法权利，而国家义务则仅是保护的手段。

【何谓阶层权利？】何谓阶层权利？这是某一社会等级整体依法长期享有的一切优惠。等级由符合法律据以授予或保持一定优惠这一条件的某一类人构成。**【阶层权利与特权的区别】**阶层权利同赏赐给某人或某家族的特惠不同，两者区别在于前者是以共同法律的名义授予整个等级的，后一种优惠则称为特权。根据 1649 年《法律大全》，在莫斯科国家的上层商人中，盐商斯特罗加诺夫家族地位特别显赫，他们享有特殊称号，谓之“贵人”；1785 年的城市特权书状规定，所有批发商人以及宣称资本逾 5 万卢布的商人，可以授予“显贵公民”称号。**【阶层权利与职权的区别】**斯特罗加诺夫家族享有的优惠称家族特权，而“显贵公民”享有的优惠则是阶层权利。阶层享有的优惠是为阶层长期所拥有，这一特征又构成它同职权的区别。任何一个国家在其社会构成中，通常都有相当一部分人的地位非常突出，充当国家行政、司法的工具。其中每一个人又因职位而拥有一定权力和权利，这些都是不担任国家职位的人无法享有的。然而与职俱来的这些权利，与阶层权利有本质不同。首先，职权的大小极不一致，每一职位都有不同的权力；而对于同一阶层的任何一个成员来说，阶层权利却是同样的。其次，职权同时也是义务，一个人只要身居一定职位，就不能不行使一定权利并承担义务；至于说到阶层权利，则完全可以不予运用，而且也无须退出这一阶层。第三，职权是每个人独有的，它无法继承；而阶层权利就其实质而言，却是世袭的优惠，它对该阶层所有成员，不论是最初获得该项特权的人，还是这些人后来的直接继承者，都一视同仁。在封建社会，连某些政府职位也成为一定贵族门第继承的私产，这时的优惠虽具有门阀特权的意义，但仍未具有阶层权利的性质。在阶层制国家中，当政者除具有与职务相连的职权外，往往还有一些非但退职后不至丧失，甚至可以传给后代的权利。这些权利或与其他阶层权利相同，或构成某种特殊优惠。在前一种情况下，官职也要求由各阶层分担；在后一种情况下，官吏则成为特殊阶层。例如，我国法律规定，凡文官升至四等，武官升任上校者，一律可成为世袭贵族；凡文官升至十一等，武官升至尉官者，可成为等身贵族。

综上所述，若以一般法律为据，阶层权利与特权有所区别；若以继承性作为重要的性质特征来看，阶层权利又同职权有别。不过在俄国社会中，有一个阶级的状况同后一种情况显然有矛盾。这个阶级在《法律汇编》中有一个名称，就是上面提到的等身贵族。[①] 按照我国法律，等身贵族的身份不得世袭。但这种矛盾不是一个阶层立法问题，它仅仅是一个关于阶层的名词术语问题：等身贵族其实还不能构成一个阶层，也就是说，他们不是贵族中的特殊等级，因为不具有贵族特有的那些权利。等身贵族无权加入地方贵族社团，在农奴制时期也没有蓄农奴的权利。这不过是一个终身享有的荣誉称号而已。他们所以被授予贵族称号，不是因为同贵族享有同样权利，而是由于同贵族具有取得称号的同样手段：等身贵族也罢，世袭贵族也罢，这些称号都是以效忠尽职得到一定俸禄，取得一定官阶、勋章而授予的。等身贵族的实际权利与所谓世袭荣誉公民相似，这些权利为不交纳人头税、不服兵役、不受体罚，等等（我这里指的是旧规定，现在其中某些部分已有改变）。因此，等身贵族的子女根据出生法应属世袭荣誉公民之列。这就是说，等身贵族是世袭荣誉公民的一部分，他们同这类人中的其他部分，其区别仅在于取得相应权利的方式不同而已。

【阶层权利划分为政治权利与公民权利】阶层权利有哪些呢？他们可以分为两类，即政治权利和公民权利。政治权利决定整个阶层参加国家的事务，公民权利决定一定阶层的每一成员在个人关系上具有何等的权利能力。

① 见 1857 年出版的《法律汇编》，第 9 卷，第 52 页；1899 年版，第 51 页。

政治权利可归结为以下几点：

1. 共同参加国家管理。这一点通常表现为各种阶层会议的立法活动。允许一个或数个阶层，但不是全部阶层参加这一活动的国家，称为贵族国家；允许所有阶层以同等权力参加这项活动的国家，可称为阶层-民主国家。在后一种情况下，共同参加国家管理就不再构成阶层特权，而是全社会共有的权力。更为常见的情况是，各阶层对国家管理施加的影响并不相等，这时即使所有阶层都严加管理，国家也不失去其贵族国家的性质。至于有些阶层直接参加管理，in corpore（拉丁语：全体）出席立法会议，而另一些阶层仅仅推选代表参加，这只是立宪技巧的差异问题，而不是国家法问题。它仅是方便或必要的问题，而不是阶层不平等问题。

2. 参加地方管理。这种权利通常与前一种权利相关联，并成为其支柱，但没有前一种权利它本身也能单独起作用。而且它还具有相当多的各种形式。假如地方管理权不属于整个社会，那么统治阶层管理的地方事务还包括其他居民的事务。如果所有阶层都参与地方管理，那么这种参与可能有两种形式：一是各阶层分别行动，仅仅管理本地区、本阶层事务；二是各阶层独自行动，联合处理与所有阶层相关的事务。当代俄国地方自治就是建立在后一种基础上——两相结合的基础上。目前，除贵族地方阶层会议、教会地方阶层会议、市民地方阶层会议和农民地方阶层会议外，还有各阶层地方自治机构，管理涉及各阶层的某些地方事务。

3. 田庄管理。这种权利在于地主对其田庄上的居民拥有审判权和警察权。这种权力所以授予地主，通常由于土地所有权具有政治意义，同这种土地所有权相联系的往往还有某些特殊的国家权力，因而土地所有权便成为某一个或某几个阶层的优惠。农奴制的土地所有制一般都与这样的权力联系在一起。不过，田庄管理权也可能与农奴制无关，而是受国家的委托。例如俄国地主，包括教会地主和军役人员地主，在15、16世纪时，对于向他们租赁土地的自由农，就享有这样的权力。同样，在波罗的海东岸地区，贵族至今仍没有丧失田庄审判权和警察权，尽管早在本世纪的第二个十年内，这一地区的农民即已从农奴制统治下解放出来。应该把田庄管理同参加地方管理区别开来。地方管理权可能掌握在某一个同时对土地也拥有绝对所有权的阶层手中；然而统治阶层的某些成员虽没有田庄和农民，但也可以参加地方管理。参加地方管理是一种政治权力，它属于整个阶层，不论其个别成员是否拥有该阶层所有的其他权力。田庄管理权则是一种仅属于统治阶层中部分成员的政治权利，它是实际利用阶层权利中一项权利的结果，而且利用的不是政治权利，而是公民权利。因此，田庄管理权具有政治权利与公民权利相结合的权利的性质。

公民阶层权利可分为人身权利和物质权利两种。这种划分产生于阶层公民权利的意义本身。上面说过，公民权利决定一定阶层的每一成员在个人关系上的权利能力。作为法学意义的公民个人的社会生活可以由两个方面的关系构成：由义务即一个人作用于另一人的权利，以及由人们需要的物的权利构成。

1. 由此可知，阶层人身权利决定着各阶层成员在法律上承担义务的权利能力的大小。各阶层这种权利能力的不平衡建立在法律对社会不同阶级的评价差异或道德上信任程度的差异。对各阶层评价的不一致，表现为法律根据同样罪行对不同阶层的人实行不同的惩罚；由于侮辱不同阶层的人而受到不同的惩罚；法庭对不同阶层的人提供的证据重视程度也不同。正是由于法律对各阶层的评价不一致，才产生各阶层在承担义务上的权利能力的不一致。例如，在一个划分为自由阶级与不自由阶级的社会中，不自由阶级的成员一般不能享有婚姻自由、迁徙自由。总之，在支配个人、支配劳动、当佣工、签订借贷合同等，都受到法律上的许多限制。

2. 上面对人身权利的表述说明，阶层的物质权利决定各阶层在财产上权利能力的大小：法律认可不同阶层的人有权取得财产，但却不是一切形式的财产；人们对于同样财产的所有权，得到法律认可的程度也各不相同。简言之，并不是所有阶层都能把所有的财产都变成为其私有财产，也不是所有阶层对其已取得的财产都具有同样的产权。例如，只有最高阶层才有权获得乡村的不动产，而在农奴制条件下，则只有最高阶层才享有蓄奴的权力。农奴占有动产的权力是不完全的、有条件的。此外，奴隶不能拥有任何财产。各阶层在取得财产上的自由是有差别的，与此相联系的通常是他们在支配财产的权力上也不平等。有些阶层拥有处理各种形式财产的全权，他们有权立遗嘱将财产转给妻子、下一代或旁支亲属，甚至外人；另一些等级享有的处理转让权就比较有限，如他们仅有权无条件地处理动产，而无权处理不动产，或受到某些限制——这些人只能把财产遗赠其男性子辈，而把女儿排除在外；或遗赠其直系晚辈，而把旁支亲属排除在外。

【阶层的政治权利和公民权利对各阶层的相对意义】根据上述各种阶层权利（包括政治权利和公民权利）的属性来说，它们对

不同阶层所起的作用、所具有的价值是不一致的。政治权利要由掌握该权利的阶层，以共同的或社团的活动来实现；公民权利则由个人的意志和努力来实现。因此，也可以把这两种权利对各阶层的相对意义做下述说明：各阶层的公民权利，可以为阶层的每一成员带来看得见、摸得着的直接利益，它可以扩大和巩固个人的自由、扩大和巩固个人的物质保障手段。政治权利为整个阶层带来权势和对管理的影响，不过它使每一个人感兴趣的倒不是这种权利本身，而是由于它往往能够成为扩大和保障公民权利的手段。这就是说，对各阶层而言，公民权利要比政治权利更为重要，它们是造成阶层间不平等的最积极的因素，是最高阶层努力建立和保持不平等的目的。这就是为什么阶层公民权利甚至在脱离政治权利的情况下也能起作用，而阶层政治特权在公民平等的情况下则将失去其原有意义，并趋于消亡或转化为阶层义务的原因。在后一种情况下，阶层参加管理就具有无报酬地义务协助政府这一新的意义。

【阶层义务划分为人身义务和物质义务、直接义务和间接义务】至于说到阶层义务，它们当然都是国家规定的。但首先可以把它们分为人身义务和物质义务；其次可以分为直接义务和间接义务。国家规定的人身义务是个人必须为国家利益付出的部分劳动，一般称之为“役”，其中最重要的一种是兵役。物质义务是必须为国家利益付出的部分财产，即各种税赋。两种义务都还可以分为直接义务和间接义务。直接义务是必须向国家做出的贡献；间接义务是一定等级人员间接对国家、直接受国家委托的其他等级人员必须做出的贡献。根据我国法律，农奴制时期的农奴主与农奴，就是用这种间接的相互义务关系联结在一起的：农奴有义务为农奴主工作并向他交纳钱物，农奴主的义务则在于：1. 养活和收留农奴；2. 有责任替农奴向国家缴纳人头税，并管理他们的钱币和实物抵偿徭役；3. 有义务代农奴进行民事、刑事诉讼；4. 有责任为农奴缴纳国家的一切捐税，如罚款、关税等。

第二讲

各阶层差异的逐渐消失是欧洲历史上共同的事实—当代欧洲国家社会结构的趋向—法律规定的世袭不平等地位是阶层划分的基础—阶层的双重起源——政治起源和经济起源

【各阶层差异的逐渐消失是欧洲历史上共同的事实】阶层的不平等是历史现象，如今在整个欧洲正渐趋消亡。各阶层在法律上的差异变得越来越不明显，它们在民间传说中，在风俗习惯、财产分配上，遗留下深浅不一的痕迹。但从近代欧洲国家一出现起，几个世纪以来，这种不平等一直是政治制度的基础。甚至在那些后来具有完全民主性质的社会中，在它们政治生活的最初时期，也可以发现向贵族不平等制方向剧烈运动的痕迹。但西欧从 15 世纪起，在思想和法律上就可以看到一种各阶层差异逐渐消除的倾向。在东欧这种倾向则要晚得多。同样的过程还可以见之于古代欧洲国家。因此，可以把这一过程视为欧洲历史上共同的、普遍的事实。如果证明这一事实反复发生于各政治联合体和世界其他几大洲，那么这一共同事实就具有历史规律的意义，可表达为：政治性的社会生活始于社会阶层的划分，并以各阶层差异的逐渐消失延续下来。

【当代欧洲国家社会结构的趋向】这一过程在欧洲各地虽还远未结束，但西欧国家力图接受的新社会结构，其基本特征已相当明显。在过去的阶层社会中，个人与国家并不直接发生关系；与国家打交道的是按阶层划分的团体，而个人在国家中的意义则决定于该个人所属的阶层意义。法律开始把这些稳固的大社会成分分解为最基本的结构单位——个别的人，把其中每一个人置于同国家的直接关系中，并承认所有的人同样都是自由人。然而与此同时，法律却无法使人与人处于平等地位，因为它一直无法对这些人平等地分配义务。在各阶层不平等的条件下，各等级间的义务是按其政治意义进行分配的。因此那些拥有物质手段和其他手段最少的下层等级，他们的负担却最重。在把不分阶层一律平等的原则作为国家制度基础的同时，必须把义务的分配也改置于新的基础之上。于是，“以国家向每人施予多少，来向每人索取多少”的原则，便成为这样的基础。每个人对人身安全的要求都是相同的，那么服兵役这一最沉重的人身义务就应为每个适合服兵役的人所遵守。但对物质义务却无法照此办理。并非所有的人对财产安全都有相同的要求。一个产业遍布全国、管理着规模庞大的企业的百万富翁，在保卫财产安全上对国家机关的要求，要比打零工为生的工人超过不知多少倍。唯其如此，百万富翁同国家事务及保安机关工作的利害关系要比打零工的人深刻得多。因此，一个人承受的物力负担应同此人对财产安全的要求相符合，而这种要求的程度又应同他的财产状况相适应。这就是所得税的意义，这种税收在欧洲财政体制中正在取得越来越牢固的统治地位。也就是说，由某些阶级为另一些阶级做出贡献所构成的国家义务，转变为由于国家向个人提供服务而由个人向国家支付的报酬。但从另一方面来看，参与国家事务，也要同每个人承担国家义务的轻重程度相符合，从而与个人同这些事务的利害关系程度相一致。这种参与表现为人民代表制。凡达到服役年龄的公民即应服兵役，根据同一条件，公民还要参加人民代表的选举。但参加的情况又各不相同：在所得税同选举制密切联系的情况下，纳税越多选票作用就越大。这样，当代西欧国家追求的政治制度，是建立在国家权利与义务的复杂结合上，而在权利与义务两者之间起调和中介作用的，不是阶层的政治利益，而是个人的政治利益。这种制度可以概述如下：制度的结构元素是单个的自由人；自由人承担的国家负担，以他向国家要求的人身与财产保障的程度来衡量；自由人参与管理，则以他向国家承担的负担程度来衡量。整个制度由平行的两个方面构成，一个方面是义务，另一个方面是与其相应的权利。具体来说就是：实行普遍兵役制和普遍选举制；征收所得税和实行按具有法律权能的人数及其纳税额而分配的个人代表制。由于这种结合，当代欧洲国家成为一架精密复杂的机器，它建立在法律与经济交易的基础上，它把地位相等、各自分散的人联结为一个整体，它以使人感到压抑的行动来为人们缔造幸福，在西欧语言中，这种幸福被称为政治自由。

【法律规定的世袭不平等地位是阶层划分的基础】这样，当代的无阶层国家便取得了政治上的自由，却无法取得政治上的平等。不过这种不平等与阶层的不平等有所不同，它表现在两个方面。第一，阶层社会的权利与义务具有十分鲜明的区别。这种社会的比较纯粹的形态力图把全部权利集中于一些阶级，而把所有义务集中于另一些阶级。当代国家使所有的阶级在公民权利和人身义务上都一律平等，但他们在政治权利和物质义务上却加以区别。第二，当代国家中的不平等是人与人的不平等，而不是阶级与阶级的不平等；但在阶层国家的法律面前，不平等的是阶层与阶层，而同一阶层的个人就其权利与义务而言，则被认为是完全平等的。在当代国家，每一个人都有自己的阶层，整个社会被分解得细如齑粉，社会成分的相对体积小到肉眼难以分辨，只有统计学和分派税款的财政部通过显微镜来观察才能看到。社会的这种政治上的粉末化，是废除了阶层分化奉之为基础的权利和义务世袭制的结果。因此，在当代国家里才按财产状况来划分集团，即任凭机会和个人奋斗来起主宰作用。当代国家中的个人，其政治地位浮沉莫测，不断变化于各政治集团之间，随个人在经济斗争中的成败而起伏波动，改变他的财产状况；在阶层国家中，个人的政治地位取决于他的阶层出身，而不取决于经常发生变化的财产状况，即决定于他的血统门第，而不决定于他的资历。把新兴的无阶层国家同趋于消亡的阶层国家相比较，可以得出结论：划分阶层的基础是阶级与阶级在权利与义务上的世袭不平等地位，而不像当代无阶层国家对权利与义务的分配以不断变化的个人状况为依据。

【阶层的双重起源——政治起源和经济起源】如果社会阶层间的不平等是暂时的社会现象，在生活中也有过无阶层社会时代，今后还将有阶层最终消亡的时代，那我们就要问：阶层间的不平等究竟是如何产生的？产生的条件有哪些？为什么社会划分为权利与义务互不平等的等级？阶层的不平等产生于两条途径：

有时它来源于国家形成时期社会的经济分化，在这种条件下，社会按居民的劳动分工划分为不同阶级：每一阶级都按劳动种类或它所赖以劳动的资本种类来划分，每一阶级的相对意义，都由一定时间、地点的国民经济中一定劳动种类和一定劳动资本所具有的价值来决定。但也有另一种情况，这就是社会被外部侵入或内部成长起来的武装力量所征服，后者攫取支配人们劳动的权力。这股力量可能是外来的部族，也可能是因抗御外敌而形成于社会内部、后来却征服被保卫的社会的特殊阶级。在这两种情况下，社会将走上完全不同的发展道路。先谈第二种情况下社会所走的道路。一种武装力量，无论是土生土长的还是来自外部的，在取得支配人们劳动的权力后，都力图成为统治力量，以便和平利用它取得的果实。为了保证长时期利用它已得到的经济利益，它无须再去致力建设新的国民经济：凭借暴力闯入业已形成的经济制度，手持武器来到现成的经济机器之旁。它无须再去推动被征服国家的经济。它在抓住起统治作用的资本之后，唯一目的在于保证劳动力俯首听命于己，为这架现成的经济机器工作。然而，为了保证能坐享已捞到手的利益，这股力量在成为统治权之后，就要急于建立一定的国家制度。借助于这一制度并成为其推动力之后，这股力量便可以支配人们的劳动而无须时时诉诸最初的行动手段——武力。这就是为什么它极为关心国家体制、关心建立法制系统、关心为达到目的而建立的阶层、关心相应的政府机构设置的缘故。法律（包括国家法和公民法）与最高政权的关系问题、统治力量与其他阶级的关系问题，构成这种社会的主要生活内容。由于这一点，社会生活获得了某种战斗性：政治斗争

取代了武装斗争。武器已厌倦自己的行动，它把自己要做的工作委之法律。而这两股力量——武器与法律——都朝着一个目标，就是巩固所掌握的政权。政权所以受到重视，因为它能控制人们的劳动。在这种斗争影响下，一切关系都变得尖锐起来，阶级和机构的形式变得极为森严。同时，社会也出现另外一副面貌。整个社会由两大因素构成：一边是胜利者兼统治者，另一边则是俘虏兼奴隶。整个社会迅速分解为界线森严的两大阶级，其中之一力图集所有的权利于一身，将所有的义务强加于对方头上。处于两者之间的各阶层经过极大努力逐渐形成为集团，并成为独立的力量，他们以最低阶层所负担的部分义务为代价，从最高阶层那里为自己取得部分权利。这就是建立在征服基础上的社会所具有的结构。

有些社会走的是另一条道路。在这样的社会中，非武装力量夺取了统治国内的资本，从而成为政权和人们劳动的支配者。反之，国内统治资本在控制人们的劳动之后，又使资本的所有者成为掌权者。统治资本成为政权力量的源泉。根据一国经济条件的不同，这种资本可以是流通资本，也可以是固定资本，它的活动与政治权利和公民权利结合在一起。经济上的等级于是成为政治上的阶层。由于在这种情况下要取得对社会的影响不能靠武力，而是靠资本的压力，而资本又与武力不同，是不知疲倦的，它要求通过不断的活动来保本增殖，因此掌握资本的阶级根本无须急于建立新的国家制度来保障它的统治。这种统治不是靠政治手段、宪章、机构，而是由经济关系来保障的。这样的社会不用四出掳掠人来做工，人们会自动听命于那些手头积攒着资本的人，那些为他们提供面包即提供工作的人。统治阶级把全副精力都放在国民经济的安排上，致力于扩大资本活动的场所，以各种手段和措施开发国家的自然资源，开辟销售市场，保持其繁荣。因此法律和国家体制问题便退居于第二位，法律关系得不到足够的研究，内容也不明确。在这种情况下，社会同样也由两种主要因素构成：一是作为债权人的资本家，二是作为负债者的工人。但由于政治意义是根据经济状况来确定的，而后者又形式繁多、变化莫测，所以社会也出现极为细小的分化。社会分化越细，其中权利与义务的不平等也就越不显著，它的各个阶级之间差异也越小。

综上所述，阶层有两种起源——政治起源与经济起源。社会的阶层分化，或始于用武力把社会强行置于奴役地位，或始于在政治上对国内占有统治地位的阶级的自愿服从。这种奴役和服从确立国家制度，把对整个社会的权力集中于一个阶级之手。因此，在上述两种情况下，阶层的分化都超出了政治行动的范围，不过这两种情况下阶层不平等的根源却并不一致。第一种情况下，权利和义务在统治者与被统治者之间按力量大小进行不平等的分配。第二种情况则是在资本家与工人之间按经济力量大小进行不平等的分配。这意味着阶层不平等的根源在第一种情况下是某一阶级通过对社会进行奴役而建立的政治地位的差异，在第二种情况下则是整个社会在政治上服从于某一阶级之前就形成的经济地位的差异。阶层的两种起源对阶层分化的性质起着不同的影响：当阶层起源于政治原因时，社会力图分化成为数不多的几大部分，彼此在权利与义务上具有显著的不平等；当阶层分化建立在经济状况的不平等上时，社会分化得极为细小，阶层间的差异也不那么显著。阶层分化途径各异的过程，可以用下列普通原理来表述：阶层间的不平等越显著，阶层的分化就越简单；反之，阶层间的不平等越不显著，阶层的分化就越复杂即越细小。

第三讲

表示阶层差异消失进程的公式—阶层国家在继承更迭的社会联合体系列中的地位—阶层划分对政治制度的影响—阶层史中展现的历史进程—法律文献是阶层史唯一可靠的资料来源

【表示阶层差异消失进程的公式】我刚刚讲到的一个论点，就是阶层间的不平等同阶层划分的细小程度有联系。我们应该把这一点同研究社会阶层结构时发现的另一普遍性事实加以比较，那就是：阶层的分化并非社会中固定不变的状况，而且一般说来，政治的社会生活在初期阶段都具有上述特点，但在达到一定程度后，分化就向阶层接近和转化。显然，这种转化趋向过去也出现过。而且，从阶层产生一开始其差异就不大、划分也较细的地方，这种趋向发展得就特别迅速。由于阶层差异和阶层划分的细小程度是由阶层的起源决定的，因此可以得出结论：阶层的起源不仅对社会阶层结构的性质产生影响，而且还对社会阶层结构持续的时间长短产生影响。众所周知，在通过征服途径形成的国家中，阶层差异会非常顽固地保存下来，它不仅反对消除差异的观念，而且还反对下层等级向上层等级的特权进行公开指责。由上述两点对比中可以得出第三个论点：阶层划分得愈简单，阶层间的不平等愈显著，对阶层的消除也愈困难。换言之，消除阶层差异的速度与阶层划分的复杂性直接相关联，反过来这种复杂性也与阶层不平等的程度相关联。

以上三论点显示了社会阶层结构的进程。我再说一遍，政治的社会生活往往始于阶层不平等的确立，而等级的消除能否成功，取决于阶层划分的细小程度和阶层间的不平等程度。现在让我们再来看看阶层结构的内部条件，这样就可以发现是什么力量主宰着阶层构成的进程，这将有助于明确阶层结构对国家制度的影响。

【阶层国家在继承更迭的社会联合体系列中的地位】为了发现这些条件和力量，需要回顾一下阶层国家在继承更迭的社会联合体系列中占有什么地位。众所周知，在以共同福利目的为基础的政治社会生活出现之前，存在着以血缘关系相联系的自然联合体。在这些联合体中没有平等，也没有阶层。阶层的地位是由年龄来代替的：长者构成统治等级，幼者组成被管理的人群。当代国家既无平等，也无阶层，取代阶层的是经常变动的经济状况。向国家纳税较多，即财产较多的人，直接或间接领导国家事务，而财产较少的人无论愿意与否，都得服从这种领导。也许资本也会丧失其政治分量而让位于其他力量，如科学、知识。至少很多人早就幻想着由这样的力量来统治社会，对此不少人至今仍抱有幻想。但将来在由这种力量推动的国家机器中，也同样既不会有平等，也不会有阶层，取代他们的将会是学位等级，在各立法机构中，凭资历入选的代表将让位于各学术团体握有证书的代表。这三种政治制度的每一种都是按小联合体的模式构成的。显然，这些小联合体有的在社会生活中已取得统治地位，有的则将在相应的制

度形成时才能取得统治地位。在血缘关系联合体中，等级关系即长幼关系，他们显然是从家庭中的辈分关系即父子、祖孙等关系脱胎而来。当代资历国家的原型看来则是股份公司：这里人的政治分量取决于选票的多少，而选票的多少又靠股票的多少来决定。未来的知识、科学国家，将会按学校模式构成，划分为学生和教师，而教师又分为高级教师和低级教师。在每一联合体中，制度都要凭借特殊力量来推动。在第一种联合体中，推动力是父母和长辈具有的权力；在第二种联合体中则依靠资本的力量；在第三种联合体中依靠的是知识的权威性。那么，阶层国家是按什么模式构成，又靠什么力量以各种关系在其中起推动作用呢？在阶层国家中，很容易发现两大特点，一是阶层权利的继承性，二是由世袭权利决定的差异。权利的继承是产生于血缘联合体的法律原则：这个联合体根据共同原则，即一切关系取决于出身，即一切都具有世袭性质。根据这一原则，若一朝取得某些权利，就可传诸后人，世代相袭。这种思想在长子一支所拥有的权利中表现得尤为清楚。在凯尔特人氏族中，我们就可以看到这种权利。这意味着阶层国家是家族联合体的最直接继承者。这就是它在人们社会生活发展过程中的历史年龄和地位。各阶层的行业差异说明与出现阶层国家相吻合的一定经济发展阶段。当劳动分工开始后，当血缘联合体中止了自给自足的生活并开始行业分工时，血缘自然联合体经过进一步联合，便发展成非自然的国家社会。显而易见，由此产生的血缘联合体间的经济交换的必要性，就构成以非自然方式把联合体组成国家的动因。因此，阶层权利的继承性表明阶层国家同氏族联合体之间的血缘关系，而阶层行业分工则构

成各氏族联合体进一步联合成国家的动因。

【阶层划分对政治制度的影响】与这种新起点相适应的是，生活在国家中的人们必须习惯于他们原先不熟悉的种种关系。在血缘联合体中，一国同胞尽为血亲，他们对联合体的隶属关系被视为是命运无法改变的安排。由甲联合体转入乙联合体的做法，犹如人要改变性别一样，在生理上是做不到的，因此也被认为是难以理解的。国家形成后，按居住地区、行业分工和社会地位划分的集团取代了血缘集体，其共同祖先则被遗忘一边。于是，开始了选择成员的新方式：分辨自己人和外人的标准不再是血缘上的记忆，而是行业和境况、权利和义务的一致。这种权利和义务的一致不以其共同祖先的关系来衡量，而以对共同君主的关系来衡量。形形色色的生活关系所具有的共同目的、观念、风习、权利和义务，产生了人与人之间新的强有力的纽带——阶层利益，它代替了血亲之情。社会的这种新的模式的确立对立法产生了重大影响。法律担负协调个人利益和以国家联合体为基础的公共利益的任务。细微的个人利益或通过契约方式得到集中，把个别的人联合成大群的人；或由于彼此争斗不休而互相分裂，把已经形成的社会联合体分解为小的组成部分。法律为适应于这一选择的进程，或把某些同类的小等级联合为大阶层，或把大的阶层划分为小的等级，把分配于他们之间的权利和义务要么加以集中，要么加以分散。国家政权的状况正是由这种法律上的安排组合来决定的。如果社会已经分解为细小的组成部分，而这些部分又实在难以集中起来形成稳固的大阶层，则政权就会强行把他们撮合起来，为共同利益联合行动。如果社会能强烈意识到这些利益，社会各

部分自然就会听命于使他们联合起来的政权，因为这些部分彼此是对立的，他们既无法为反对这一政权联合，而每一个单独的部分却又那样软弱，无力迫使其他部分听命于己。这样，社会集团的分歧和分化使国家政权得到巩固，使中央集权的政治得到发展，形成一系列同社会划分为几个大等级时完全不同的关系。国家政权或利用所有等级的共同努力，如果他们能同心协力的话；或依靠其中的一个等级而使其他等级听命于己，如果这些等级彼此敌对的话。在上述两种情况下，国家都不得不同各阶层分享自己的权力，只是国家制度的构成将因此而有所不同。在第一种情况下，各阶层同心协力，阶层利益也就成为国家的共同利益；在第二种情况下，某一阶层的利益压倒了国家的共同利益，国家政权就成为它的工具。在中世纪欧洲，参加国家管理的有三个阶层：僧侣、贵族和资产阶级。他们被认为是三个特殊的国家，领土以及在领土上劳动的最低等级居民以犬牙交错的奇怪形状散居于三者领土上，以至中世纪的西欧国家被称为这三个阶层国家的联合体，而以国王作为把他们联系在一起的王朝纽带。这种阶层分化对政治制度的关系可以表述如下：在阶层国家中，最高当局越是屈从于阶层，阶层的数量就越少，而阶层的分裂也越严重。换言之，阶层数量越少，分裂状况越严重，各阶层对共同利益的压力也越大。

【阶层史中展现的历史进程】由此可见，阶层史能告诉我们一些什么，即能向我们揭示什么历史进程。我们从阶层形成史中得知，局部利益彼此如何斗争，并在这一斗争中如何通过集中与调和而产生共同利益的意识；或者共同利益如何遭到失败而分解为局部利益。在阶层消亡史中揭示的则是另一过程。阶层越稳固、越闭锁，它通过要求、概念和习俗对个人施加的压力就越大，对个人自由的限制也越严。阶层集团越大，各阶层权利和义务的分配越不平衡，由一个阶层向另一个阶层的地位转变就越困难，个人在做出生活道路选择时受到的限制就越大，受到阶层利益左右就越深，对共同利益的认识也越困难。因此，阶层的平等是共同的国家利益和个人自由的同时胜利。这就是说，阶层史向我们揭示了两个最隐蔽的、相互紧密联系的历史进程：对共同利益认识的运动过程和个性为了共同利益而从阶层压迫下解放的过程。

【法律文献是阶层史唯一可靠的资料来源】只有在阶层法律文献中，才能发现这两个隐蔽得很深的伟大历史进程。在文学艺术作品中，我们很难找到对它们的正确反映。文学艺术作品是个体意识的结晶，社会生活现象反映于个体意识，总要经过一定角度的折射。历史评论界至今仍未找到一个测定这一折射角的可靠尺度。社会生活事实反映到观察者的意识中，就不再是事实而变成为思想，只有以法律规定的形式重现时，它们才又回到事实的行列。社会作为活生生的、具有思索能力的存在，它所使用的语言是独特的语言，它不同于个别人所使用的语言。个别的人用逻辑概念或艺术形象来表达思想，而社会则用法律准则来表达思想。因此，当我行将结束在开场白中对阶层史的研究方法、目的进行说明时，各位请不要对我使用的方法论原则感到奇怪，这个原则还能向你们说明，为什么在俄国阶层史中我只能依靠有限的文献资料：因为对阶层社会和无阶层社会的研究不能仅囿于文学家的书斋或艺术家的工作室，还应该走到立法委员会和法庭监狱去。就我所知，能使这两个过程相结合并融为一体的地方只有一个——其实整个历史（个别的脑力劳动者的工作，整个社会意识的运动）正是由这两个过程形成的——这就是大学课堂。

以上是我们在研究俄国阶层史过程中作为指导思想的一般论点。我们在下面转入问题本身的研究。

第四讲

俄国阶层史资料的缺乏现象—我国史学界19世纪三四十年代的研究状况是造成资料缺乏的原因之一—俄国阶层史主要论著一览—19世纪50年代对俄国社会史研究的兴趣及其与前朝改革的联系—对俄国各阶层进行历史研究的科学兴趣—俄国阶层的研究—俄国各阶层发展进程与西欧的比较—俄国社会划分阶层基础的多变性、多样性—俄国阶层史的分期

【俄国阶层史资料的缺乏现象】在正式开始研究俄国阶层史之前，我想对我国研究这一问题的文献资料状况作一简要介绍。俄国出现史学著作的历史并不长，俄国阶层史也许是其中最年轻的一个分支。为什么俄国社会史迟迟无人研究？看来这主要是我国史学研究的状况决定的。卡拉姆辛以来，我国史学界分成两大流派。两派拥护者都十分起劲但又毫无意义地认为，他们的主张大相径庭，而且颇有冰炭难以同炉之势。其中一派的注意力主要放在国家史上，另一派则放在社会史上。其实后一派研究家不仅研究俄国社会的阶层划分过程，而且还研究人民的一般生活状况。人民，它成为许多聪慧过人、才气横溢的研究家进行历史探索的对象，被认为是唯一值得进行历史研究的对象，"人民"这一概

念风靡了整个社会。所谓“人民”，主要或完全是指老百姓而言。**【我国史学界19世纪三四十年代的研究状况是造成资料缺乏的原因之一】**在19世纪三四十年代的著作中甚至出现过一整套史学理论，它把全部俄国史相当和谐地建立在人民这一概念的辩证发展上，即建立在人为赋予这一概念的意义上，而不是俄国现实发展的过程上。这种理论的信奉者当然不知，在我国历史生活中曾有过那么几股社会自发力量在起作用，对这些力量无论如何也难以把他们归入人民这一概念中。信奉这种理论的人不知道我国社会中除所谓群氓之外，还有好些上层阶级，他们也曾在群氓的最前列进行过活动。这一矛盾使研究者陷入了困境，于是他们力图通过两条途径来摆脱这种困境。他们要么断言，这些社会上层虽早在古罗斯时代就已在政治和经济两方面同人民存在着差异，但在道德上并未脱离人民，仍同人民精诚团结，呼吸与共；要么断言，从彼得时期起社会上层即已脱离人民，站在人民的对立面，背叛了人民的原则，作为背叛者，他们已不再属于人民之列，而成为人民历史中的异己成分。以这样的眼光来看待社会分化，上层阶级统统成为人民身上实际有害、科学上无益的赘瘤。于是，社会阶级的历史就成为一部描写社会上层对下层的关系、描写两者团结一致将如何起到力挽狂澜的作用，而对抗又将如何起到毁灭作用的足堪引以为戒或起暴露作用的叙事小说。而且，加于人民身上的是团结的全部荣誉，落到上层阶级头上的却是挑起对抗的全部责任。与这种观点相一致的是，人们并不选择法律文献作为研究社会的主要资料，而是把百姓蜂起、民众起事的传说或古罗斯宣传家就上层阶级对待人民的态度而发出的抱怨作为依据。在这

些看法中，如果抛开其中比比皆是的雷同的事实和雷同的观点，将会剩下很多的错误。首先是生理上的错误。赘瘤尽管是赘瘤，但它毕竟是活机体的有机组成部分，它参加机体的生活，而这种生活的变化之剧烈往往超过机体的正常部分。它从机体中吮吸汁液，或使机体衰竭，或使其免遭毒素之害，这要根据机体的状况而定。此外，上述观点中还有不少荒谬之处。例如人们认为上层阶级是人民的叛逆，是人民之敌，根据他们与本国人民的脱离为基础，才造成我国历史上由彼得一世开创的史无前例的整个时代，人们把这整个时代的意义仅仅归结为最高阶层与本国人民群众在精神道德上的分离。持这种见解的善良人们不知不觉把无政府思潮带入了他们的研究工作：他们宛如沙皇伊凡雷帝，无缘无故便迁怒于一切上层阶级，并宣称对普通百姓是毫无怨恨的。这种民主狂或反贵族狂（如果可以这样表述的话）甚至到了置法律于不顾，对上层阶级进行政治侮辱的程度。需知上层阶级也并非是偷偷摸摸进入到我国社会中来的，他们的存在得到了合法的最高当局的同意和允许，他们在国家中的合法权利和地位在《法律大全》第 9 卷中是规定得一清二楚的。

【俄国阶层史主要论著一览】对俄国阶层史进行认真研究的兴趣，其产生时间不早于或略早于 19 世纪 50 年代。已故的索洛维约夫可算得首开先河并提倡最力的一位。他的头几批学生按他指示的方向进行工作，在一系列颇有见地、成绩斐然的研究著作中发展了他的思想。这种突然而起的兴趣在索洛维约夫那卷帙浩繁的史著和某些论文中都有所反映。索洛维约夫在《俄国史》中对俄国社会的阶层划分现象或进行缜密的研究，或勾画出它的大致进程，不放过任何一点端倪。更重要的是他把这一过程同许多条件联系起来进行考察，其中不仅有在人民政治生活中起作用的条件，而且还有在人民经济生活中起作用的条件。例如你们读他的《历史书简》时，就会发现这种兴趣有多么强烈。这是索洛维约夫较晚时期的一部著作，发表于 1858 年。当时人们怀着极大的兴趣争相传阅这部著作，其意义时至今日仍未丧失。这就是研究俄国社会史的短暂历史。因而本学科文献资料的缺乏也是不足为怪的。这方面的文献，至少是值得一读的文献，无须多时即可全部掌握。记得 19 世纪 50 年代有一篇当时颇有影响的论著，就是普洛申斯基的《俄国人民中的城市阶层或中产阶级》，发表于 1852 年；后来奇切林先生也发表过一些论文，尤其是他的研究著作《十六世纪俄国的家奴和农民》；嗣后别利亚耶夫发表一部结构严谨的专著《罗斯农民》，为编写这一阶层的完整历史进行尝试，其中尤其可贵的在于公布了大量从未发表过的资料。继之是波别多诺斯采夫的在《法律大全》公布以来俄国农奴制历史的一系列史纲。19 世纪 60 年代末，普里加拉先生发表论文《论彼得一世时期俄国的城市状况》，其内容不仅涉及彼得时期，而且还涉及此前各城市状况的历史。最后，1875 年，季佳京先生出版了他的第一部文集《俄国城市的建置与管理》，这是一部编撰得极好的 18 世纪前俄国城市史纲，其中包括 1785 年城市特权书状颁布以来的城市建置史。值得注意的是，至今我们仍未发现论述俄国两个最高阶层——贵族与僧侣——的有分量的、完整的历史。关于俄国贵族的一般历史著作倒有两种，其一为亚布洛奇科夫所著，其二为波赖-科希茨所著，但这些著作均未引人注目。罗曼诺维奇-斯拉瓦京斯基专门描述彼得以来贵族史的著作《俄国的贵

族》，是一部态度严谨、花费巨大劳动的著作。关于教会阶层的历史，兹纳缅斯基先生有一部内容丰富、论述精辟的专著:《彼得改革以来的俄国基层教会》。美中不足的是，这部专著极少涉及该等级在古代俄国的状况。我国史学之所以有这样一个空白，原因在于这两个最高等级的历史特别曲折、复杂。最后要指出的是，从俄国各阶层相互关系的角度对阶层史加以连贯叙述的工作还一直无人问津。我知道有一部著作可以被称作是进行这类尝试的专门性著作，即格拉多夫斯基先生的《俄国领地管理史》(1868 年)。作者在表述 16、17 世纪莫斯科国家各省建制时，企图对俄国社会中的三个等级——军役人员、城镇居民和农民——的状况和相互关系加以描述。遗憾的是，这一工作仅完成第一卷即告终止。以上几乎是我国出版的社会等级史方面比较重要、比较有价值的全部著作。余者仅为零散的小文章而已。我开设这门课程希望能多少填补这一空白，故谨将简明扼要有如史纲的俄国各阶层史奉献于世，以求说明各阶层在最终形成之前的相互关系。

【19 世纪 50 年代对俄国社会史研究的兴趣及其与前朝改革的联系】19 世纪 50 年代以来对我国阶层史的兴趣由何而起，这一问题很容易理解。许多求知欲强烈的人所以重视这一问题的研究，其推动力在于前朝的一系列阶层改革。尤其是农民改革，它使俄国社会各阶级的状况和相互关系发生了深刻的变化。这些改革迫使人们通过对改革所触及的社会结构的研究去寻求顺利实现改革的手段。历史研究往往同社会中的剧烈变动密切相连，它力图说明的总是当前时代最迫切感兴趣的东西，并回答时局提出的重大问题。前朝的种种改革，尤其是 1861 年 2 月 19 日进行的农民改

革，揭示了一连串出人意表的现象。这是一些过去连想都不曾想过的问题，它们指出了我国社会所经历的复杂过程。研究西欧社会史的人早已习惯于对俄国社会史采取不屑一顾的态度，他们以为俄国社会是一个结构简单、形态幼稚、各种关系尚不成熟、难以提供科学上有益资料的社会。这种看法一直占统治地位。从表面看来，这种对俄国社会发展的习惯看法似乎有几分道理。的确，就以伟大改革家彼得一世溘然长逝时来说，试想俄国当时的社会结构，还有什么能比它更简单的呢？高踞于社会之上的，是集权力于一人之身的最高政权。它所面临的有如汪洋大海的百姓，百姓的领导者则受命于最高当局的地主阶级。在这两种阶层自发势力之间，畏葸地挤缩着一群起不了多大作用的过渡性阶层：僧侣、官吏、市民。他们挤做一团，似乎在等待着什么人来为他们这窘迫不堪、孤苦无靠的境况说上几句话。2 月 19 日的改革破除了已有的规定，揭示各社会等级间极其错综复杂的关系，建立迄今最富于想象力的人也无法先天地预见和建立的社会生活形式。这一切不由得迫使人们去思考，我们的社会不也经历过那种极端紧张的活动，只是表面看来形式简单质朴而已。

【对俄国各阶层进行历史研究的科学兴趣】上述情况表明，对我国社会史的科学兴趣只是由前不久的改革才引起的。这就是我们对这段历史知之甚少的原因。其实我国社会的历史结构也许最能引起人们对我国的史学感兴趣。**【俄国阶层的研究】**这种结构极为独特，观察它的进程对历史科学任何一个部分的研究工作都能起作用。研究这些阶层时，从中可以遇到许多关系和形式，它们可以提供大量素材来进行比较历史研究。这种方法的真正价值不在于从不同现象中找出相同之处，而在于从相似现象中找出不同之处。**【俄国各阶层发展进程与西欧的比较】**我国社会与西欧社会比较虽有很多相似之处，但却很容易发现两者间有更多的不同之处，两者的差别归结为一点就是：西方较明显的阶层界限和较复杂的社会形态是通过比较迅速和比较简单的途径取得的；而俄国这种比较简单的社会形态却是通过比较长期、比较复杂的过程形成的。我们的社会过程总是比较复杂，社会形态则比较简单，阶层界限不那么明显。我国社会发展的这种特点使人不由想起一个比喻。我国社会走过的道路看来很像俄国的乡村小路：两地之间距离虽不远，但如果沿着这条弯弯曲曲的小路走去，要比沿着一条较直的道路多走两倍以上的途程。

【俄国社会划分阶层基础的多变性、多样性】俄国社会生活各方面发展的这一引人注目的特点，在俄国阶层史中表现得尤为突出。俄国阶层划分具有异常灵活性、多变性的特点。社会经历了多次划分，其法律外貌和构成也经历了多次变化。追踪这些变化时，可以把俄国阶层史划分为四个阶段，其中每个阶段都有其不同于前一阶段的划分原因。我们所知的俄国第一种社会形态可从11—12世纪的法律文献中看到。根据这些法律文献，我们看到整个社会分成互不平等、等级森严的两部分，划分的初因则为征服或军事压力。从9—12世纪末，社会就是建立在这一基础上的。研究领地时期（13、14、15世纪）的社会结构时，我们可以看到另一个基础，这就是自由人同领主王公间的经济契约。莫斯科国家建立时期（16、17世纪）阶层划分的基础是按经济地位分配的国家赋税的差异。最后，在18世纪，阶层划分有了新的基础，这就是按政治作用在各阶层间分配的不同权利。**【俄国阶层史的分期】**以上是我国阶层史的四个阶段，以及每阶段进行阶层划分的依据。第一阶段的基础是征服或武装划分，第二阶段是同王公订立的经济契约，第三阶段是国家义务的差异，第四阶段是国家权利与公民权利的差异。

第五讲

俄国阶层史第一阶段的上下限—征服是这一阶段社会政治划分的初因—基辅公国的军事经济起源—9至10世纪历代基辅王公统一的社会的民族与经济构成—10至11世纪社会分化为阶层的痕迹

【俄国阶层史第一阶段的上下限】我把俄国阶层史第一阶段的上下限分别规定在9世纪末和12世纪末。在这一阶段，社会的政治划分以征服为基础。不过我提出这一论点是有条件的。征服虽是阶层分化的基础，但经过整个阶段之后，这一最初的基础又受到许多新的影响，已变得愈来愈复杂，以至到了12世纪末，在俄国社会制度的深处，这种基础已变得越来越难以辨认。为了查明这一基础奠定的经过，以及建立于其上的阶层关系后来受到什么影响，又发生了什么变化，就应该对把俄国不同种族的各部分首次联合为政治统一体的政治形态的起源作一简要的回顾。这个政治形态就是9世纪末出现的基辅公国。

对于这一政治形态的起源，我的认识如下。公元7和8世纪，在东罗斯平原的西半部地区，居住着东斯拉夫人。该地区居民的经济生活，受到一条大水道——第聂伯河——的影响和左右。这是一条早已展开十分繁荣的商业活动的水道。早在纪元前，黑海北岸曾存在过为数众多的希腊殖民地，繁荣的贸易即由此而起。贸易活动把第聂伯河沿岸的斯拉夫人也卷了进去。当时还存在着一个外部条件，也有助于他们在商业活动中取得成功。公元 8 世纪，第聂伯河沿岸及罗斯南部草原一带被哈扎拉人征服。哈扎拉人的奴役对第聂伯河沿岸斯拉夫人的商业成就起到了有利的推动作用。在伏尔加河与第聂伯河之间草原上定居的哈扎拉人，不久便转向和平生产劳动。他们向居住在第聂伯河沿岸的纳贡者敞开了道路，使他们得以在无数草原河道上自由来往。这样，第聂伯河沿岸地带便同黑海、里海的市场建立了密切的贸易联系。这种联系推动第聂伯河沿岸的斯拉夫居民大力开发罗斯的森林宝藏，主要为猎取毛皮兽。这些贸易的成就又促使罗斯航海业的发展，罗斯的海员在 10 世纪上半叶已成为黑海的主人。当时有所著述的阿拉伯地理学家马苏迪在提到罗斯时说，它在黑海航行，是黑海上唯一的航行者。商业上的成就使罗斯兴建起一批最古老的商业城市。它们位于西部地带的主要河道上，其中有诺夫哥罗德、波洛茨克，斯摩棱斯克、切尔尼戈夫、基辅等。每一座城市附近，都有由从事狩猎居民组成的贸易区，城市即为该贸易区的集散中心。这就是东斯拉夫人在公元 9 世纪前生活的大致情况。公元 9 世纪初起，第聂伯河沿岸地区因哈扎拉人统治的衰落而出现一系列变化，衰落的原因是南俄草原出现新的汗国——佩切涅格人。早在 9 世纪上半叶，佩切涅格人便从伏尔加河经哈扎拉人住地来到第聂伯河。佩切涅格人已成为罗斯贸易的巨大威胁，哈扎拉人已无力保护东方的罗斯商人。罗斯的商业城市只得自己担负起保卫商路和贸易的安全。商业城市设防即发生在这一时期，后来在

10—11 世纪，各城市还出现军事行政设置。新的危险引起城市对武装力量的需求。一股由形形色色土著和外来人组成的武装力量逐渐集中于城市。渡海而来的瓦里亚吉人是这股力量中的外来人，他们多数为斯堪的纳维亚人。**【征服是第一阶段社会政治划分的初因】**就在商业城市中出现这一武装阶级时，城市也迫使其周围的商业区从属于己。使商业集散地——城市——的四郊居民从属于己是用不同的手段达到的。有些地方，无防御的郊区居民自愿归附大城市，把它作为危险时可靠的避难所；另一些地方，城市则利用武装力量强迫郊区居民顺从，作为贸易中心的城市。这样，约 9 世纪中叶，罗斯出现一系列商业政治联合体——城市辖区，即政治上从属于主要商业城市的经济区。**【基辅公国的军事经济起源】**在这些城市及其辖区中，有一座城市对卷入贸易活动的整个平原地带具有特殊的意义，这就是基辅。与它同时出现在草原边缘的还有其周围的商业区。于是，基辅就成为罗斯由北方及西北方向南方及东南方进行贸易的主要门户。不久，草原游牧民曾数度占领基辅，罗斯的商业活动也随之中断和停止。由此产生罗斯的所有商业城市均仰赖于基辅这样的共同经济利益。这种共同经济利益在于使基辅永远为罗斯的商业活动开放，以便人们通过基辅沿草原各河道自由前往黑海和里海市场，因此希望基辅拥有一支足以保卫这一边境城市免遭敌人侵犯的力量。这种共同利益推动基辅把原来散布于罗斯各城市的武装力量更快地集中起来。基辅王公成为其武装贸易门客团的首领，在他的周围聚集了国内所能集中的最强战斗力。基辅王公利用这股力量，迫使东斯拉夫人的其他城邦和部族臣服于己。经济活动形成的共同利益，其作用在9—10世纪历代基辅王公征服罗斯土地的过程中清楚地展现出来。然而各部族也并不都是那么轻易地就接受基辅的奴役。虽然有些部族为自愿归附，但还有一些部族却为反抗征服进行顽强的斗争。我们在研究这种差别的原因时发现，那些主动承认基辅政权的部族或城市，如克里维奇人、塞维里亚人、波利安人，多位于主要贸易河道两侧。这条河道沿第聂伯河向北一直可以通到伊尔门湖盆地。反之，同基辅顽强抗争的部族都居住在远离这条水道的地方。就是说，主动承认基辅政权的都是有求于这一政权的部族，他们卷入贸易活动的程度较深；而住得离这条水路较远并对共同物质利益不感兴趣的部族，如德雷夫利安人、拉季米奇人、维亚季奇人，就没有这种愿望，抵抗得十分顽强。由此可见，基辅公国具有双重起源——军事起源和经济起源。它是在由贸易活动促成的共同利益的作用下出现的。然而这种利益远非对罗斯土地的所有部分都同样重要，对不承认这种利益的部分，就要靠武力征服。

【9至10世纪历代基辅王公统一的社会的民族与经济构成】历代基辅王公政权团结的社会，是一个貌合神离的组合，其中包含着五花八门的民族成分和经济成分。唯一的共同利益在于物质利益，其表现为对商路和商业活动的保护，这种利益对不同成分所起的作用又远不相同。然而，甚至在很难于感受这种唯一的共同利益的地方，也存在着一种支持联合的力量，这就是武装的阶层。它由基辅王公手下浪迹四方的形形色色的武装商人构成。在罗斯各商业城市中，这种人的数量越来越多。他们部分是土著居民，部分是外来的瓦里亚吉人，而城乡土著居民，则还可以进一步分

成几支斯拉夫人起源和芬兰人起源的部族。但从 10 世纪末起，当西方地带所有部族几乎都成为基辅大公的贡民之后，部族间的纷争便明显地平息下来。瓦里亚吉人一群接一群渡海而来，不断涌入罗斯，同土著居民和睦相处。斯拉夫人部族被各城市及其辖区分割得东一块西一块，看来已渐渐忘却他们部族的来源。部族间的差异和利益开始让位于地域和区域间的差异和利益。社会经济形态也极不稳定。起统治作用的仍是商业资本，直到 11 世纪，土地占有者一方始终未遇上足以与之抗衡的力量。10 世纪上半叶的阿拉伯作家伊本·达斯特把罗斯–斯拉夫人社会的上层称为“罗斯”人。他说，这些“罗斯”人还没有不动产、没有庄院、没有耕地，唯一的生计在于买卖毛皮。以基辅王公为首的军人阶级领导着全国的商业活动，并积极参与这项活动，每年派商船队到察里格勒及黑海、里海的市场去。这些商业城市仍保持着 9 世纪初他们的那套军事制度。他们组织千人团或城市团队，参加王公的远征。指挥他们的是城市商人中推举出来的城市军事头人——千总和百总。

【10 至 11 世纪社会分化为阶层的痕迹】早在 10 和 11 世纪的民族纷乱和经济纷乱之中，社会阶层的政治划分即已表现得越来越明显。由基辅向不顺从的土著部族发起的征服性军事行动以及抗御草原敌人的防卫斗争，使基辅王公领导的武装阶级越来越庞大，而管理被征服民族的工作又使这一集团同它所管理的社会愈来愈脱离，使前者成为统治者，后者成为纳贡民。原来统治阶级同商业城市中的武装商人并没有什么区别，如今同他们却越来越明显地脱离关系。早在弗拉基米尔大公当政时期，城守，即商业城市

推选出来的管理者，就曾参加基辅王公的议政会，同参加门客团的大贵族共议政事。雅罗斯拉夫在位时期，这些人已不再出席大贵族议政会，甚至在城市行政机构中也看不到他们的影子了，他们经选举担任的军政职位，由经王公任命的大贵族所取代。又如水路提运（水路骑兵），这原是同大客商（武装的商人）难分难离的人物，后来两者的关系也越来越远。这两个社会等级就其起源而言本来关系十分密切，但在日常经济生活中也开始反映出他们在政治上日渐分离的情况。某些不顺从的部族被征服后，大批俘虏沦为奴隶，由征服者分配。伊本·达斯特以寥寥数语，生动地描绘了这种现象，他说：罗斯人向斯拉夫人（即东斯拉夫人）发动袭击，乘坐战船向他们驶去，登岸后把斯拉夫人掳掠为奴，转售他人。这种观察结果也许是从最初几位基辅王公征服第聂伯河沿岸的斯拉夫人部族——德雷夫利安人、塞维里亚人、拉季米奇人等——的征战中得来的。我国的《本初编年史》中，有一个故事讲的是906年奥莉加占领伊斯科罗斯坚之役，对伊本·达斯特的记叙也是一个旁证。《本初编年史》说：奥莉加下令，把部分被俘的城市居民杀掉，一部分“赐予手下为奴”，即分赐她的门客团成员当奴隶。其余的留于当地，命其纳贡。这样，军政阶层的经济逐渐转变为蓄奴制经济，军役人员用家奴塞满他们的城市府邸院落。他们把多余的奴隶卖到海外市场。从10世纪末或11世纪初起，他们找到使用奴隶劳动的新办法，于是开始把家奴迁到他们已获得的土地上，用家奴的手来开发这些土地。这样开始了罗斯的个体农业。文献史料模模糊糊留下最早的痕迹是在11世纪初。土地的占有使军役人员从城市商人的上层更明显地分化出来。这

一切使军政阶层傲视其他等级的政治优越感更为突出。这种感情使多种部族成分构成的军政阶层开始同化。随着历代基辅王公对外斗争的加剧，由听命于基辅王公的各部族组成的武装力量先后加入这一阶层，成为其组成部分。弗拉基米尔皈依基督教后，他在基辅朝向草原的几个方向上建立起一系列设防的小城，把诺夫哥罗德人、克里维奇人、楚德人、维亚季奇人等中的殷实富户召募到这些城市的城防部队中去。由这种政治优越感团结起来的军政阶层使自己获得了一个阶层称谓，就是罗斯。在10世纪，罗斯并不是民族称谓，也不是地理称谓，而是社会称谓，用以表示统治阶层。这个词的词源至今仍不清楚。10世纪的拜占庭作家和阿拉伯作家都知道罗斯的统治阶级的这一名称。我们古老的《往年纪事》即《编年序史》也以这一名称称呼它。《编年序史》在谈到882年奥列格于基辅建国之初的情况，描写他的门客团人员结构时这样写道："府中有瓦里亚吉人及斯洛文尼亚人等，人称罗斯。"这意味着按《编年序史》的说法，随奥列格占领基辅的武装人员由各部族组成，他们有共同的称号，称作罗斯。

11、12世纪俄国社会政治划分特征就是如此。大家可以看到，这种划分的动力是征服。征服虽是社会分化的契机，但却不是它最初的起源。军政阶级的征服作用是由这一阶级早就形成的经济作用决定的。它在手持武器征服全国居民之前，早已把全国经济命脉抓到了手中。12世纪的文献资料，尤其是我认为直至该世纪才最终定稿的《罗斯法典》，揭示了由经济过程和政治过程产生的明确的阶层划分的相当复杂的情况。这一划分与基辅公国的双重起源——军事起源和经济起源——完全一致，也有其双重基础。

第六讲

《罗斯法典》中的阶层：王公臣仆、自由民和家奴—关于家奴制的文献记载—上述阶层划分的政治基础—较早时期建立在另一种基础上的阶层划分的痕迹：掌火官的含义—基本政治等级按经济地位的进一步划分：大贵族、典身农、庶民和大贵族府奴头—经济差异和法律不平等间的联系是进行阶层划分的基础—罗斯社会阶层形成过程中第一阶段的三个时期

【《罗斯法典》中的阶层】《罗斯法典》相当清楚地表明了三个等级，即王公臣仆、自由民和家奴。罗斯社会当时正是这样划分为三个等级。法律对这三个社会等级地位的评价并不一致，这表现在法律对保障这三个等级成员人身安全的问题在态度上大不一样。例如，王公臣仆若遭杀害，凶手须交纳双倍刑事罚金；杀害自由民只须缴纳一般数量罚金；而杀害家奴则根本无须缴纳刑事罚金，只要缴纳民事罚款以赔偿主人在财产上受到的损失。法律根据这些阶层与王公即与最高当局之间关系的性质，对他们予以不同的评价。**【王公臣仆】**王公臣仆为王公个人效劳，自由民向王公纳贡，家奴不负担任何国家义务，他为个人效劳，同王公不发生直接关系。其实，除了上述对人命问题的估价外，《法典》并

没有规定任何其他足以区别王公臣仆和自由民这两个等级的权利，包括公民权利和政治权利。因此，基本阶层之间的大界限虽已划清，但各阶层中的某些小等级所具有的法律特点还不很清楚。比如，并非王公手下所有的自由人仆役都是王公臣仆，王公臣仆只是那些高级军政要员，而王公手下的一般武士或下级宫廷仆役、马夫、厨役、庄头等，按其地位身价虽与普通自由民相等，但与王公臣仆的相似之处仅在于他们也是为王公个人效劳而已。这些人虽与王公臣仆同属门客团，但在该团中的等级身份却大有差别，被称为下等门客团或小门客。【**自由民**】与之不同的是自由民，即纳税的普通百姓。他们同王公的关系与下等门客不一样。作为纳税民，他们与军役人员不同，不以个人身份同王公单独发生关系，而是按城乡分别组成纳税民社团，彼此连环作保，监督缴纳赋税，保障地面安靖（《罗斯法典》中有连坐罚款的条目）。【**家奴**】家奴制在《罗斯法典》中是一种极为严酷的制度，其界限十分森严。早在雅罗斯拉夫时期即已规定，凡家奴殴打自由民，被殴者可将家奴打死而不受法律惩处。《法典》没有规定家奴的种类，它只规定一种家奴制——完全家奴制，即完全的、终身的、世代相袭的、有继承关系的家奴制。家奴的附属关系由本人传及后代；主人对家奴的各项权利，也由其后人继承。蓄奴制留下了不少有关家奴地位成因的文献。【**关于家奴制的文献记载**】这些文献分两类，一类为法律，一类为契约。法律规定的家奴有以下四种情况：1. 被俘；2. 犯有法律规定终身失去自由的罪行，如抢劫、纵火、盗马等；3. 商人因自身之过无力偿还债务、债主又不愿宽限者；4. 家奴的后代。另一种是按契约自愿为奴，一般有三种情况：1. 卖身为奴；2. 男子未经与奴隶主订立保障自由人身份的契约而与女奴成婚者；3. 未经订立主仆契约即入私人宅邸任管事或司库者。《罗斯法典》中的家奴制具有十分明确的奴隶地位的特征，它使家奴丧失法律意义上的人所应具有的地位，成为近似于物或家畜。由于法律对家奴的地位、他们与主人的关系以及家奴的来源与界限等均有规定，法律显然已把这种社会状况视为俄国社会结构中的特殊等级，其不同于其他阶级的在于家奴与国家当局不发生直接关系，而是通过他们为之效劳的主人来与之打交道。

【《罗斯法典》中阶层划分的政治基础】综上所述，按《罗斯法典》规定，整个公民社会可以分成为王公个人效劳的自由人、结为社团向王公纳税的自由人和为个人效劳的非自由人。第一种人与王公的关系是个人关系，第二种人与王公的关系是集体关系，第三种人则是间接关系。

【较早时期建立在另一种基础上的阶层划分的痕迹】《罗斯法典》中存留的模糊痕迹，指明这种社会划分大致发生在什么时候。从中可以看出，它发生的时间并不十分久远。有一份《法典》抄本，其中保存了一系列记载雅罗斯拉夫公诸子会盟决定的条款。这些条款大约产生于 11 世纪末或 12 世纪初，它们未经改动便被收入 12 世纪末最终定稿的《法典》，于是与起源于不同时期的条款杂然共存于一部《法典》之中。由是得知，直到 11 世纪下半叶，在雅罗斯拉夫公诸子当政时，王公臣仆这一特权阶层的结构仍未最终确定下来。《罗斯法典》把牧头（即王公马群总管）也列为被人杀害后凶手应受双倍惩罚的人物。记载会盟决定的条款中有一条说，是雅罗斯拉夫公之长子伊贾斯拉夫规定，杀害马群牧夫长要受到双倍惩罚，他是在审判多罗戈布日人杀害其马夫一案中宣布上述判决的。所谓“马群牧夫长”，显然就是牧头。《罗斯法典》定本把这种人称为王公的特权臣仆。

记载会盟决定的条款保存了对《罗斯法典》定本出现之前社会划分状况的含意。这些条款还不知道有一个王公臣仆阶层：凡《法典》定本提及王公臣仆的地方，在条款中都用“掌火官”（огнищане）的称谓。而《法典》定本只是在引自会盟决定的一项条文中，才仅有一次重复“掌火官”这一称谓，而没有代之以“王公臣仆”。[①] 显然，在12世纪下半叶，当《罗斯法典》出现定本时，“掌火官”一词已成为旧词，被排挤到流行的法律用语之外，对它的沿用只是出于习惯。要对“掌火”（огнище）一词做出解释比较困难，因为对它的古义并不清楚。有一个文献对它的含义曾有所诠释。11世纪，罗斯有人曾从一份保加尔人手稿中抄得格里戈里·博戈斯洛夫的一段话，是专为保加尔人翻译的。但在罗斯抄本中看来又由罗斯人作了几处增补和改动。其中有一处把“掌火”一词译为希腊文中的*ἀνδράποδα*（单数为*ἀνδράποδον*），意思是奴隶，家奴。**【掌火官的含义】**可见，掌火官是奴隶主。如果《罗斯法典》给予掌火官以当时王公臣仆所具有的特权地位，那么这一点正好说明，《法典》保留了一个由经济条件而非政治条件、由奴隶占有而非效忠于王公的关系造成特权地位的时代痕迹，确切地说，保留的是奴隶占有构成统治阶级最大特色的时代痕迹。

① 见《罗斯法典》，卡拉切夫版，第1卷，可将1卷32页与2卷72页进行对照。

这样的时代就是 9、10 世纪，当时基辅王公正率领门客团到处征讨罗斯土地上不顺从的部族，把俘虏变成奴隶。正如前面提到的 10 世纪上半叶阿拉伯作家伊本·达斯特所指出的，罗斯正在向斯拉夫各部族大张挞伐，驾舟对他们袭击，把他们掠为奴隶，转卖他方。那时的掌火官，大多也是王公臣仆，是管理战利品的人。社会上把他们视为重要人物的原因不在于他们为王公效劳，而在于他们掌握这样的战利品，即不在于他们的权利，而在于他们的力量。当时的特权人物还不是统治者，而是征服者。这样，我国当地最古老的法学文献，便揭示出社会分化的初因，这一初因就是征服。如果仍以《罗斯法典》定本和雅罗斯拉夫公诸子会盟决定的条款相比较，可以看出 11 世纪是这样一个时代，那时的罗斯社会最初划分为征服者和被征服者，后来则成为统治者和被统治者的联合体。

【基本政治等级按经济地位进行划分】然而，这种已经起了变化的社会结构，也并没有能把它们最初的单一性保持多久。在《罗斯法典》中，尤其在它较后的条款中，保留了社会进一步分化的痕迹。原来的几个基本阶层中，开始出现新的等级，而使这些新等级具有突出地位的特征，则同几个基本阶层彼此赖以相别的特征又有所不同。**【大贵族】**例如，王公臣仆中出现了大贵族。《罗斯法典》未必知道有这样的阶层，所以对这一阶层的特征表述得极为模糊，使它的法律面貌和经济面貌难于辨认。《法典》述及大贵族的家奴、大贵族府邸的庄头或农务管家，还有雇用的工人。[①] 看来，《罗斯法

① 见《罗斯法典》，卡拉切夫版，第 2 卷 42 页，11 页。

典》为大贵族规定的是享有特权的大奴隶主、大地主的地位。在后来几个世纪的俄国民法中，大贵族这个称号一直享有这种地位。其次，自由民阶层中又分出两个特殊等级，即典身农和庶民。这些阶层的出现看来都同大贵族阶层的出现有联系。根据某些情况可以认为，最初在大贵族领地上耕作的是家奴，地主正是用家奴的手开发他们的土地。然而大贵族土地所有制越是发展，从自由民中吸引参加耕作的人数也越多。农民从地主手里以借贷方式取得耕作手段，并租赁土地供自己耕种。他们使用地主的畜力和农具耕种这些土地，为此就要为地主劳动。**【典身农】**在《罗斯法典》中，这种将自己租赁出去的劳动者称为典身农或典身仆。**【庶民】**典身农的境况有助于解释庶民阶层的意义。《法典》对庶民阶层的意义表述得特别模糊不清。看来它赋予这一名词以两个意义：一般指普通自由民；其中也专指自由农民。《法典》指出，庶民与王公关系十分密切，凡庶民死后无子嗣者，其全部财产转归王公。后来，到 13、14 世纪，在诺夫哥罗德和普斯科夫两地，在国家土地上自由耕作的人也称庶民，即国有农民。看来，在《罗斯法典》时期这一称谓也有这样的意义：王公土地上的自由耕作者也被称为庶民。当王公政权巩固后，凡农村自由民，其所使用土地不属于个人者，均为庶民，因为这一类土地统被认为是王公的土地、国家的土地。这就是庶民与典身农的不同之处。最后，《罗斯法典》在家奴中还分出一类高级家奴，他们同服贱役的家奴有所不同，区别在于主人还委托他们担任部分管理产业的职司。**【大贵族府奴头】**《法典》把这一等级称为大贵族府奴头（管事）。

【经济差异和法律不平等之间的联系是进行阶层划分的基础】

上述几个阶层就其起源而言都不是什么新的阶层，它们同以对大公的关系这一特征而划分的社会阶层并没有不同之处，只是同一等级中经济地位不同的人。大贵族仍是王公臣仆，是门客团的成员，但多了一份作为产业的土地。庶民也属自由民之列，但同自由民中的其他人相比、同城市纳税民相比，他们从事农耕，以自备农具耕作国家土地。典身农也为庶民，但耕种的是地主的土地，无自备农具或农业资金，而是向地主求贷。大贵族府奴头与普通家奴不同，由于他管理享有特权的大贵族的产业，因此本身也享有某些产业上的优惠，这是一般贱奴所没有的。但这些经济上的差异在《罗斯法典》中并没有造成法律上的不平等，没有造成权利上的不平等。大贵族享有特权，因此身后无子，可将动产或不动产遗赠其女。但庶人死后若无子嗣，则其财产如土地、房舍、动产等统统转归王公。庶民只有未嫁女可分得部分不动产，这就使庶民的地位低于其他自由民和自由纳税的市民。在《罗斯法典》中，城市自由纳税民同军役人员属同一等级，可以将财产遗赠子女，如无子女，可随意处理。比庶民地位更低的是典身农。庶民虽在遗产处理上权力有限，但总还享有人身自由，而贷款却使典身农成为地主的债户，使他在人身上依附于地主，具有半自由人的性质。这表现在：第一，东家可以用体罚来惩处典身农的过失；第二，典身农只有在因微不足道的小事而引起的诉讼中、在没有自由人作证的情况下，才被允许在法庭做证；第三，典身农对他自身的某些罪行如偷盗，自己无力承担责任，要由东家来替他偿付罚金，东家也可因此而把他沦为完全的家奴。但典身农在自由上受到的这些限制，说明他虽是东家的债户，有义务为东家做工

抵债，但他毕竟不是东家的家奴。按《罗斯法典》，只要偿还债务，典身农就可以随时终止对东家的依附关系，而且法律也对东家制裁典身农的权利以及占有典身农劳动的权利，予以一定的限制。不过，这些对典身农的自由的限制也同样表明，地主正力图使典身农沦为他们的农业奴隶。最后再谈谈大贵族府奴头。他们虽为家奴，但却享有自由人的部分权利，因此与典身农地位相近。在没有自由人做证的情况下，法庭可“根据需要”接受这些人的证词。凡杀害奴头者，其罪有如杀害自由人，需缴纳 40 格利夫纳的罚金，而不是像杀死普通家奴那样，缴纳 12 格利夫纳罚金。这样，经济地位不同的人享有的法律地位也不同。

于是，在过去法律分化范围内所表现出来的新的社会经济分化，自然逐渐又成为法律性质的分化。这种新的分化与原来的分化并不完全相同，而是比它更细。它不像从前把社会分成三个阶层，而是分为六个阶层，即大贵族、城市自由纳税民、庶民（自由的国有农民）、典身农（地主的半自由农）、奴头（特权家奴）及普通家奴。这种新的划分，其基础与原来的基础已有所不同。原来的三个等级，彼此的政治特征有很大差异，他们对王公的关系以及王公的法律对他们的态度都各不相同。人们对王公关系不同，这表现在军役人员、纳税民和家奴所负担的国家义务各不相同；法律对人们的态度不相同，这表现在法律按不同阶层对王公的关系的特征对他们做出的评价不同，对他们所犯的杀人罪惩罚不同。但我们还发现，《法典》并没有把使王公臣仆及庶民等自由民阶层相区别的其他一切权利都同这种评价联系起来。新的更为细致的阶层划分有两个不同的特征，一是经济方面的特征，另一是政治方面的特征：那就是财产状况不同，以及与之相联系的公民权利也不同。如此看来，权利的差异并不产生于社会对最高当局的关系，而产生于人与人之间的经济关系，产生于人们财产状况的不平等。看来，社会这种更复杂的新形态是在11世纪确立的社会结构基础上，更进一步细致划分出来的。这种新形态对原有制度的关系，可以这样表示：罗斯社会在11世纪按国家义务分为三个阶层，在12世纪还按公民权利分为六个阶层。

【罗斯社会阶层形成过程第一阶段的三个时期】综上所述，在整个第一阶段，罗斯社会相继出现三种社会形态，前者又都是后者进一步复杂化的基础。社会起初划分为两个阶级——征服者和被征服者。接着社会又划分为三个阶级——军政管理者、普通自由民和家奴。最后，这三个阶级又进一步分化为特权地主、城市自由民、国有农民、地主农民、特权家奴和普通家奴。第一种形态是凭借武装力量、靠征服建立的；第二种形态是凭借具有立法权的政权建立起来的，而政权则依靠武装力量建立；第三种形态是凭借资本的作用即国民经济的活动建立的，征服确立这种制度，因而具有立法权的当局也只好承认征服的社会后果。这样，征服就成为第一阶段中阶层化过程的出发点，并在所有各个时期都对这一过程起左右作用。

这一由征服产生的过程完成后不久，又开始另一个过程。它起源于另一个事实，并对凭借征服作用形成的社会在结构变化上予以深刻的影响。这个事实就是10世纪末基督教在罗斯的传播。

第七讲

基督教在罗斯传播的头几个世纪内教会在罗斯社会的地位—教会社会的结构—它在结构上与国家的相同之处，在体制上与国家的不同之处—社会的教会划分与政治划分的关系—教会对国家社会构成的作用—教会给罗斯奴隶制法律带来的变化：1. 按遗嘱释奴行善的风俗；2. 强制无偿释奴的情况；3. 奴隶的强制赎身—这些变化在奴隶的人身状况和财产状况引起的变化及其后果—结论

【基督教在罗斯传播的头几个世纪内教会在罗斯社会的地位】就在 11 和 12 世纪由国家引起社会分化的同时，教会也以其一定方式进行分化。罗斯的基督教会是组织完整的机构，它有一套完备的法律文献。文献包括两个方面，一是教会的教规教律，二是拜占庭帝国的法律，其中包括某些经过改造的罗马法残余。前者是教会必需遵照执行，后者只起传统习惯和法律惯例的作用。两者同时运用于俄国社会，造成不少麻烦。这两方面的法律文献，都不可能引起与俄国法律的矛盾，而显得更新鲜，它们确立起许多罗斯生活所不熟悉的，或者法律准则所不允许的关系。例如，罗斯人就不理解，为什么一场既不造成人身损失又不造成财产损失的争吵，竟能成为法律诉讼的缘由。因此教会所要做的主要不是

改革，而是创造；主要不是同法律偏见做斗争，而是同法律上的无知做斗争。这就决定了教会的行动方式。教会主要不是抵制在罗斯遇到的制度，而是在曲尽其能，以求适应这种制度。它肯定人们的罪恶比否定人们的缺点更为耐心。使它感到伤心的主要不是对旧事物的抱残守缺，而是对新事物的无动于衷。

【教会社会的结构】在社会体制上，教会采取的行动方式也是如此。自基督教传入以来，常出现一些难以纳入业已确立的制度范围内的关系。社会构成中使法律不知应如何对待的人物已不复存在。孤儿及病残人等以及由笃信上帝的新入教的人士释放的奴隶，原来统不知自己应归于哪一个阶层等级。人们出于基督式的同情，都在大声疾呼要对这些人进行救助。所有这些被抛弃的社会成分，全部被归入俄国社会中一个新的等级，称为附教人员或教会收容人员。这些人完全由教会照顾，对国家来说，这正是求之不得的大好事。就其构成来说，这是一群五花八门的人。他们的成分在教会规章中通常都有所列举。信奉基督教的罗斯王公，从第一代的圣弗拉基米尔开始，都利用这些教会规章来确定教会在国家中的地位，指出教会当局应该承担的审判、治安、慈善等事务，并从他们自己的田庄产业中拨出从事这些事务所必需的物资和经费。从决定人们对教会社会关系的种种特征来看，教会社会可以包括以下几类人员：1. 教会中的黑衣教士和白衣教士，以及白衣教士的家属。这些人员的职责是通过举行圣礼、布道以及足资垂范的榜样来引导基督徒走一条拯救灵魂的道路。这两种教士都由世俗社会中不同等级的人员组成，从王公贵族到普通奴隶都有。2. 为教会的物质需要服务的俗家人。在古代教会规章中通常

都指出，属于这类人员的有烤圣饼的女厨和堂役（教堂举行仪式时的工役）。属于这类人的还有舍奴，即施舍给教堂的家奴。教会通常对这种奴隶予以人身自由，并把他们安置在捐助的教会机构中工作。3. 从事受教会密切监视、同教会机构有密切联系的行业的俗家人。如“稳婆”“女医生”（当时人称药婆）等。这些人帮助教会监视：是否所有新生儿都受洗，死者是否按基督教教规安葬。罗斯接受基督教之初，很多人表面上接受新的信仰，但却并不尊奉教规，因此教会对这样情况的监视是一项很重要的操心事。此外，医生还有义务在教会开设的医院中服务。4. 因病残而丧失劳动能力的俗家人，如盲人、跛子等残疾人，这些人需要慈善事业的援助。5. 由于笃信上帝而自愿或受他人摆布而处于某种必须受法律保护或物质帮助境地的俗家人，如香客——旅行朝拜上帝的人，以乞讨为生并因此在礼拜期间客居寺院的流浪者；赦奴或释奴——主人生前作为慈善行为不收赎金而释放的奴隶。还有追释奴，即按主人遗嘱于超度亡魂时释放的奴隶。6. 由于本人犯有过失或不幸偶然被迫离开原有生活环境，因而失去相应权利和生存手段的俗家人。例如教会人士子孙因无文化而无法继任神职，资本亏蚀后停止营业无力偿还债务的商人，赎身后未取得一定社会地位和一定生活职业的奴隶。最后，还有一些幼失怙恃、丧邦失国的王公，他们被排挤出雅罗斯拉夫后代在罗斯土地上继承公位进行统治的行列。教会人士无文化的子孙、破产的商人、赎身的奴隶、幼失怙恃的公子王孙——这四类人物在 12 世纪古罗斯法律中被称为出籍人。出家后还俗的人也应算作这类人物。关于这类人物在圣弗拉基米尔法规的一份籍册中被标明为“脱去僧尼裤子的人”。

11、12世纪王公法规所载的教会社会就是由这样一些人构成的。我特意详细列举出它的构成，是为了说明其中人物有多么五花八门。表面上它与世俗社会相区别的法律特点在于他们的司法管辖权。世俗人凡有诉讼事宜，皆由王公的法庭进行审判，而教会人士则由教会法官——总主教、主教或他们的全权代表人物——进行审判。随着时间的推移，教会社会的构成更为复杂，尤其是教会仆役的种类更是繁多。当教会机构取得不动产时，居住在教会土地上的农民也开始具有附教人员的性质，他们在刑事或民事案中享有附教农民的全部或部分法律地位。为了管理教会的土地或委托给教会的慈善机关、为了进行复杂的宗教案件审判，逐渐形成了庞大的属于教会的世俗臣仆集团，他们也同王公的、国家的法庭和管理机构一样，拥有大贵族、侍臣、贵族等头衔。总主教手下的大贵族和臣仆后来甚至同王公手下的军人一道参加武装保卫国家的行动，在总主教的特别督军统率下，随军出征。

【教会社会在结构上与国家的相同之处】这一切使教会社会在结构上同国家社会十分相似：教会社会的结构成分同国家社会的结构成分相同，但神职人员除外。教会有自己的大贵族和自由臣仆、自己的农民，甚至还有市民，因此它不仅拥有村镇，而且还拥有整座城市。13世纪初，弗拉基米尔教区的主教西蒙在致基辅-佩切尔地方的僧人波利卡尔普的信中，曾谈到他的教区有两座主教级大教堂——弗拉基米尔大教堂和苏兹达尔大教堂，谈到这两座教堂拥有多少城市和村镇，而所有这些地方都是“一片贫困”。弗谢沃洛德王公的法规甚至推想在教会收容人员中设立大公的可能。如此看来，教会社会不是国家总结构中的一个完整的、均匀分布的阶层，它不能同国家结构中的其他阶级相提并论。它是一个独立的、特殊的、与国家社会平行的社会，它以全俄总主教领导的僧侣为首构成统治阶级和最高当局，并设有自己的管理机构和下属人员。因此，11、12 世纪的教会社会不能称为阶层。

【教会社会与国家社会在体制上的不同之处】然而，教会社会虽与国家社会结构相似，但在体制上却大不相同。两者基础迥然不同。在国家社会中，人的地位是由他的权利与义务，即由其经济地位决定的。在教会社会中，人的地位是由他的宗教-道德使命或需要依靠他人帮助的程度决定的。超脱一切世俗享受的人——修士司祭——取得了最大的权力。享有最大特权，即负担最少义务的人，在社会中是那些最孤苦无靠、贫困无告、无家可依的人。如果国家社会像俄国当时的一个大家庭，其中有主人、有管家、有仆役小厮，那么教会社会的体制就有点像一所养老院，这里人员的地位安排用福音书上的话来说，就是欲居于众人之上必先为众人之奴。这样，教会把社会阶层的划分弄得复杂起来，向其中注入了一些新因素，为共同的社会生活提出一些前所未有的问题，与此相一致的是，它还迫使人们去形成一些新的序列。**【社会的教会划分与政治划分的关系】**显然，它促使社会分化的方向与国家全然不同。国家按水平方向来剖分社会，将其切割成层层相叠的政治和经济等级；教会则不同，它把社会按垂直方向剖分，自上而下，把几个不同的社会阶层切分成几部分，并为自己的目的而打乱了国家法律为它们规定的位置，为它们做了重新安排。

【教会对国家社会构成的作用】可是，当教会在国家社会的一旁建起一个由同样成分构成、基础完全不同的特殊社会之后，国家社会结构本身也受到教会的强烈作用。教会对国家社会的改造是由下层、由最低阶层开始的，也就是由受压最深的奴隶等级开始的。它在罗斯的奴隶占有制法律中引起了一个断然的转折，仅此一端，就足以使教会跻身于创造我国社会主要力量的行列。这一转折表现为以下三点变化：

【教会给罗斯奴隶制法律带来的变化】第一，教会把按遗嘱释放奴隶作为一种风俗习惯带入了罗斯社会。**【1. 按遗嘱释奴行善的风俗】**这种风俗习惯来自拜占庭社会，其原因在于基督教徒受到教诲，认为奴隶制是一种道德上极不公正的现象。这一思想早就渗透于拜占庭的法律。10 世纪中叶的皇帝君士坦丁七世曾颁布一项法令，规定凡无直接继承人者，死后需将三分之一财产奉献上帝。在这三分之一财产中，包括死者所有的全部奴隶，他们在主人死后即可获得自由。根据这一法令，皇帝认为奴隶继承关系是一种违反上帝意旨和心肠狠毒的关系。法令认为如果主人之死还不足以打破使奴隶感到痛苦的监管，这就会是对神圣上帝、圣明国君和人类良知的亵渎。教会以这些观念为行动指南，通过主持忏悔和起草遗嘱等方式，早已在奴隶主中形成为一种死后释奴或部分释奴的风气，以求被释放的奴隶终身为释奴者祈祷。

【2. 强制无偿释奴的情况】第二个变化就是对强制无偿释奴的条件做了规定。教会在 11、12 世纪确定了三种情况：1. 凡女奴与主人生有子女者，主人死后女奴必须与子女同时获释。2. 自由人强奸他人的女奴，该女奴从而获得自由。3. 男女奴隶因主人之过

致残者，即成为自由人。前两种强制无偿释奴的规定并非直接来自希腊-罗马法律，它们是罗斯教会运用希腊-罗马法及教会法于当地风俗习惯时独立实验的产物。在希腊-罗马法中，子女的法定地位取决于父母的法定地位，对于这种情况，规定得十分明确；这一规定是以罗马社会各阶层人民之间婚姻合法与否为基础。这里起作用的法则为：如果父母双方分属于允许通婚的不同阶层，则子女继承父亲的社会地位；反之，则继承母亲的社会地位。所以法律不允许自由人同非自由人正式结为夫妻。因此，自由人与女奴结合产生奴隶，自由女性与男奴结合产生自由人。这些规定目的在于防止与罗马公民身份享有的权利相联系的利益受到大量异己成分涌入罗马公民队伍的侵害。拜占庭法律接受了罗马人的这些规定，经过改造，收进了拜占庭的几部法典，如 8 世纪的《法律选集》、9 世纪的《法典》。基督教会对这些规定所维护的拜物教制度并不关心，它努力掌握并欣然接受的只是那些能保护它获得更高利益的制度。例如，基督教会虽不直接反对不平等的婚姻，即罗马法律认为不合法的不同阶层人士的婚姻，但它为了保持家庭道德的纯洁，便由上述几部法典中引出一项规定，可以把同已婚男主人姘居的女奴依法收归国有，而地方官员则有义务将女主人的这位竞争者卖往外区，其收入归国库所有。后来在教会影响下，希腊-罗马法律中一种释奴的特别方式起了更大的作用，这种方式称为默认释奴——*σιωπηρά ἐλευθερία*, tacita libertas。这种释奴在例如主人与被他买来的女奴发生关系、生活有如夫妻时，就可以起作用。这时女奴因法律推定而获得自由，即法律推定主人在同她发生关系时就自动豁免了她的赎买身价，因此即等于向她交还自由。在古罗斯社会，基督教传入后很久，与女奴之间十分随便的关系仍占有统治地位。教会不具备同这种陋习做斗争的直接手段，便谨慎地从另一角度来着手解决这一问题。它一方面与当地习惯妥协，另一方面又不放弃从拜占庭引入的关于婚姻关系中社会地位意义的概念，于是一方面不强迫未婚主人与女奴正式结婚，另一方面又不强迫他与女奴断绝关系。它使姘居的女奴在主人死前依然保持原来的地位。然而，它又把罗马法中默认释奴的推定法使用于这种关系，要求与主人生有子女的女奴在主人死后获得自由，她因同主人的这种关系而获得这一权利。这种权利由母亲而及于她的子女。罗斯教会合乎逻辑地发展了这种推定法，把它使用于自由人对他人的女奴实行暴力奸污的场合：这样的女奴，不论暴力行为有无其他原因，一律可以获得自由，即实行暴力的人必须向女奴的主人赎买他所施行的暴力。这样，在我国法律中，就形成《罗斯法典》条文所表述的准则，即女奴与主人姘居所生子女无权与法定继承人同样参与分配主人死后的遗产，但与母亲同时获得自由。然而，《罗斯法典》没把话说完：教会达到了更大的目的。拜占庭法律准确地规定，非婚生子女在何种情况下可分得哪一部分遗产。罗斯教会在运用拜占庭这些法律条文时，也在法律中正式规定，主人应从他的财产中“事先指定应给予姘妇的一部分”，并有义务将其遗给他与女奴姘生的子女。在12世纪30年代，弗谢沃洛德·姆斯季斯拉夫的诺夫哥罗德教会规程对这部分“事先指定给予姘妇的”财产做了硬性规定。我叙述强制无偿释奴的两种情况的历史起源，为了说明罗斯教会如何使希腊-罗马法应用于当地的社会条件。

【3. 奴隶的强制赎身】教会给罗斯奴隶制法律带来的第三个变化就是确立奴隶的强制赎身制。希腊-罗马法在有些情况下规定，主人必须把奴隶出让，换取一定的补偿或赎金。一般有两种情况：一是对奴隶过分残暴，二是俘虏赎身。在第一种情况下，主人必须把奴隶出卖给他人；在第二种情况下，奴隶可以不经主人同意而强行赎身。众所周知，希腊-罗马法规定，自由人成为敌人的俘虏后，即使在其祖国也被视为奴隶。这时，他在家中享有的一切权利均告暂时停止，直至他回来后方得重新享受。如果本国人购得这样一名俘虏，则其在人身上暂时依附于买主，只有在付给买主约定数额款项后，才能中止这种依附关系。如果俘虏无力支付这笔款项，他只能留在买主身边充当佣工，在这种情况下，须经法庭判定他每年的劳动可抵偿多少俘虏的赎金。10—12世纪，希腊-罗马法中这种有关俘虏赎身的条文也运用于罗斯奴隶制。罗斯的大量奴隶来自土著居民。王公及其门客团在征服这些不肯顺从的部族，或在他们之间挑起衅斗时，把大批土著居民变为奴隶，又把他们卖给土著商人。教会把希腊-罗马法运用于土著俘虏的同时，使奴隶为本身赎买自由的权利得到广泛扩展。自由人卖身为奴后，只要向主人偿还身价，就可以再次获得自由。我们在12、13世纪的文献中都可以看到运用这项法律的情况。显然，自由人卖身为奴的法律意义起了变化：卖身已变成为债务，它造成暂时的债权，而奴隶则可以用还债的方式中止这种债权。这种变化逐渐发展为规定有期或无期依附关系的复杂契约，它以人身典质为保证，在封建领主时期形成为一种特殊的半自由人状态的阶层——典身奴。从出现相对依属的思想之后，奴隶制中的某些人

身限制形式即被取消。《罗斯法典》在指出奴隶制基本成因时，指出它不承认为奴隶制的三种人身依附关系，这就是：1. 父母送子女为佣工；2. 自由人为维持生活而投身个人门下为佣工；3. 同样也是为维持生活而投身个人门下为仆，但事先取得生活费和身价，即以借贷形式取得预支报酬。《罗斯法典》以一种共同特征来说明这些依附关系的形式：这样的仆役在约定期满后可以离开主人，不用再付给主人任何款项。他们还可以提前离开，但须偿付贷款或按契约偿付生活费。而早期罗斯奴隶制还不知道这种约定的依属关系。

【奴隶所有制的变化在奴隶的人身状况和财产状况方面引起的后果】这就是教会对罗斯奴隶制带来的变化。它使罗斯奴隶制的法律性质发生重大变化。原来的奴隶制是单一的、完整的、无条件的。《普罗希隆法规》中对希腊–罗马奴隶制的评价在这里也完全适用：这是"不可分解的奴隶制"，即奴隶的境况彼此没有任何差异。在谈到某一个奴隶时，无法说他为奴的程度是大是小。如今罗斯的奴隶制中却出现了差异和条件：有完全的奴隶制，又出现有限的依附关系。由于这些变化才能出现上述典身农和特权奴（即大贵族奴头）这两种过渡形态。其中典身农虽在人身上依附于主人，但并不是奴隶；而奴头虽为奴隶，却享有自由人的某些权利。这一切都使古罗斯的奴隶制开始趋向解体。然而随同这一解体，奴隶的人身法律作用在不断提高。雅罗斯拉夫公诸子禁止原来法律允许的、因奴隶殴打自由人而可以将他随意处死的办法。在1229年同德意志人订立的斯摩棱斯克条约中，甚至还规定奴隶殴打自由人所应支付的罚款数。在奴隶人身法律作用增长的同时，

他的财产地位也趋于稳固。起初，奴隶无权拥有任何财产，他所取得的财物一概属于他的主人。逐渐，奴隶的财产（《罗斯法典》中的отарица，罗马的 peculium）开始算作他私有的东西，但受到各种限制，所有权不完全。上述斯摩棱斯克条约中有一条规定，无论是王公的奴隶还是大贵族的奴隶，只要他们的遗产有继承人，他们的债务就应由继承人向自由人偿付。这意味着，至少某些特权奴隶的财产是可以同自由人的财产一样遗赠给他人。

【结论】这就是教会对社会结构产生的作用。它可以归结为两方面：1. 教会在国家社会之外又建立起一个教会社会，这就使社会分化复杂起来。2. 它在改变奴隶制状况的同时，也开始破坏国家社会的基础。它在两个方面改变了奴隶制：1. 它缩小奴隶制的范围，把某些依附关系形式从中分离出来；2. 它打破了奴隶制的闭锁状况，打开了通向自由状况的道路。

第八讲

封建领主时期的俄国阶层史

研究本时期的基本史料—封建领主时期阶层划分的新术语—封建领主社会的阶层划分与前次划分的明显相似—最高政权性质的变化—政治上臣属概念的消失—民事契约及对个人的依附是领主公国政治制度的基础—大贵族和自由臣仆同领主王公的关系

【研究本时期的基本史料】现在我们转入第二阶段，即所谓封建领主阶段俄国阶层史的研究。前面已经指出，这一时期分期的上下限是 13 世纪初和 15 世纪中叶。封建领主时期，这不仅是一个特殊的历史概念，而且也是一个特指的地理区域。领主时期确立的社会关系，其历史土壤与我们已经研究过的上一历史时期社会关系的土壤全然不同。在原来基辅罗斯立国的基本地区，到领主时期的初期还保持着 11、12 世纪确立的社会结构，但后来在外来影响的作用下发生了变化。13 世纪末起，罗斯西南部向立陶宛臣服；14 世纪末起，立陶宛与波兰这两个王朝合并，于是外来影响被带入了西南罗斯社会。由第聂伯河罗斯的当地条件决定并经过一度独立发展而产生的新社会关系，其起作用的地区已不再是原来的地区，而转到了新的上伏尔加罗斯地区。它地处罗斯土地的东北边陲地带，在12世纪初还是一块半芬兰的土地，如今由于移民的浪潮从原来的第聂伯河地区汹涌而来，这里竟已变成为新罗斯。听过俄国史共同课的人一定还记得，芬兰人的伏尔加流域是怎样和在什么时候罗斯化的。

研究封建领主时期罗斯各阶层情况的基本史料是各领主王公的契约文件，尤其是莫斯科历代王公领主的文件。这是非常丰富的史料来源。我们有16份遗嘱，起自约1328年（钱袋）伊凡·卡利塔大公立下的遗嘱，止于失明大公瓦西里约于1462年立下的两份遗嘱。除这些遗嘱外，还保存着许多其他的契约文件，共51件，最早的有卡利塔公诸子于1341年订立的契约，最晚的有失明大公瓦西里与博罗夫领主瓦西里·雅罗斯拉维奇约于1456年订立的条约。除上述遗嘱和条约外，伊凡三世大公时期的许多同类文件也可以归为这一类文献，因为它们描述的仍完全是封建领主的关系。这批资料所以丰富，不仅由于文件的数量，还由于史料的质量。从史料价值来看，并不亚于《罗斯法典》和11、12世纪各代王公的教会规章，只是它们描述社会关系所采取的角度略有不同而已。《罗斯法典》和教会规章都是一些完整的法典，它们具有一定的系统性，为我们提供了必要的一般情况，提供了经常起作用的法律准则，但却没有向我们展示具体运用情况和实际后果。反之，在遗嘱和契约文件中，我们或者看到些立嘱者实际进行产业上安排的情况，或者看到一段时间内的某些协议，它们规定各领主王公间变化无常的关系，而这些关系又往往是由某些偶然情况或订约双方一时的意图所决定的。这些文件表明一般准则的具体运用、当时社会制度的实际作用，但不是表述那些准则本身，或揭示该

制度的基础。后者只有通过具体事例使之归入共同的规则，从后果中才能获得根据。因此，遗嘱与契约文件向以它为依据研究社会的人提出更为复杂和更为困难的任务。但它们却能使研究者更好地深入到社会结构中去，使他们能更清楚、更直观地认识社会中起作用的各种社会关系。通过这些文件，我们观察到的不是干巴巴的社会骨架，不是时代的社会图解，而是活生生的社会组织，是阶层关系的完整图景。

【封建领主时期阶层划分的新术语】这些文件中描述的完全是封建领主时期的国家社会；教会社会在这一时期经受的变化很少。在根据遗嘱和契约文件研究国家社会的构成时，首先会遇到一套新的阶层术语。在最高社会阶层中，“王公臣仆”的名称如今已经消失，代之而起的是大贵族的称谓。它除依然保存过去特权土地所有者的经济意义外，还获得新的法律意义：这是服役阶层中的最高等级。又例如下等门客团，即原来称为“小门客”的，如今已称为小贵族和自由职役，后者也称宫廷职役或贵族。看来，小贵族阶层只是自由职役等级中的一部分，但出身有所不同。他们是出身于上等门客团大贵族门庭的下等门客团成员，它所以被称为小贵族，是因为暂时尚未取得父辈的名分和地位。封建领主时期百姓中的非服役人员在文献中也有新的名称。12 世纪初，基辅罗斯的这些百姓只是简单地被称为“自由民”，他们分为两个等级，一为市民，一为庶民，即农村百姓。如今不论在城市还是农村，自由民统称为黎民或百姓。法律对城乡百姓一视同仁。领主王公在文契中一再重复他们负有义务信守的一个条件，就是在城市不向黎民购买房舍，在农村不向黎民购买土地。甚至家奴中也出现

了新的称呼。我们知道，《罗斯法典》没有划分家奴的种类，它只载明一种家奴——完全家奴。如今完全家奴称为草根仆。这也是一种完全家奴。新称呼来源于“草根”一词，它在买卖家奴时作为一种象征性的标记，说明某人或某物可以买卖。封建领主时期还产生一种肯定家奴关系的新办法——文契，这种文契称作草根契。

【封建领主社会的阶层划分与前次划分的明显相似】尽管出现了许多关于阶层划分的新术语，但仍可认为领主时期的社会划分与以前并无多大区别。实际上，新的阶层名称仍可使我们看出我们所熟悉的《罗斯法典》中规定的那三种人。看来领主时期的社会仍像过去那样分为三个等级，那就是：直接为领主王公服务的军役人员、按社团向领主王公纳税的纳税民和为个人效劳的家奴。但仔细观察这三个等级或阶级对领主王公的关系后，我们会发现，这里已经发生了重大变化。这一变化同领主王公的政治性质具有密切的关系。13、14 世纪，上伏尔加流域罗斯的领主王公都是 11、12 世纪统治罗斯土地的王公家族的后裔。**【最高政权性质的变化】**然而就其政治性质而言，这些后裔与他们 12 世纪的祖先却大不相同。12 世纪，罗斯土地是由整个王公家族统治的。家族的个别成员之所以具有政治上的作用，并非由于他们作为个人有什么价值，而在于他们构成了大公家族锁链中的一个环节。因此最高权力当时并不在个人手中，而是在集团手中。被统治的社会同政权的关系是政治上的臣属关系，即按法律必须服从的关系，它们不以个人之间的契约协定为转移。可是当领主王公都成为最高权力的代表时，最高权力的性质就起了根本性的变化：领主王公都成了平

起平坐、各自为政的统治者，彼此间并没有固定的政治关系。随着政治上的分裂，领主王公的政府作用也逐渐消亡：在他的领地内，他实际上已不再是什么政治上的统治者，而只是财产领有者。他的领地公国对他来说已不是社会，而是产业。他不是在统治自己的国家，而是在经营开发领地。他自认为是这片领地上一切财产的所有者，但这仅涉及属于这片领地范围内的资源。从法律上说，自由民不属于他的财产之列。一个自由民可以进入封建领主的公国，工作和离开这一公国，至于在哪一领主公国工作，这只是政治上的偶然性。**【政治上臣属概念的消失】**领主王公也不认为自由民是现代意义上的臣民，因为他不认为自己是什么君主。在领地范围内，他拥有一定的最高权力，可以发布命令，进行审判，总之可以进行统治。但自由民只有留在这一领主公国境内，才须遵守领主王公的最高法令，因为他与领主王公订有契约，不过这些契约却又随时可能被某一方废弃。由此可见，领主王公的政治权力是他同领地上的自由民订立民事契约中产生的。“君主”一词在当时的语言中意味着自由民个人对非自由民（即奴隶）的统治权。封建领主同任何地主一样，也有许多这样的奴隶，只有这些人才是他个人的臣属。正因为如此，领主所有制近似普通的个人所有制。这样，最高政权在性质上出现的重大变化，就在于政治臣属概念的消失，并代之以建筑在个人之间民事契约基础上的临时依附关系。封建领主与其说是领主社会的政治统治者，倒不如说是他领地上的民事治理者。

【民事契约及对个人的依附是领主公国政治制度的基础】这一变化改变了领主社会内一切自由人阶级与领主之间的关系。如今

把领地上的自由民同领主王公联系起来的已不是那种强制性的臣属关系，而是因同领主订立契约而产生的临时性义务。就法律性质而言，这些义务同自由人个人之间的契约是相同的。臣属于王公个人的臣民，他的奴隶也是这样，他们臣属于王公领主的法律根据与每一个自由人拥有奴隶的法律根据完全相同。因此，民事契约和人身臣属，就成为领主公国政治制度的两大基础。只要对领主公国中自由人和非自由人与领主的关系做一番粗略的观察，就能发现这两个基础。我们先来看一看那些由契约决定同领主关系的阶级情况。

【大贵族和自由臣仆同领主王公的关系】社会的上层是军役人员，他们分成两个等级——大贵族和自由职役或贵族。遗嘱和契约文件非常精确地说明这些阶级同领主王公的关系。在他们的定义中首先存在着两类不同关系的严格界限。大贵族和自由职役在领主国家中具有双重意义——军役意义和经济意义。他们是领主公国的管理工具，是它的战斗力量；另一方面，又由他们构成个人土地所有者阶级。遗嘱和契约严格区别这种军役关系和财产关系，即土地关系。军役的义务具有纯个人性质，与军役人员的土地占有之间并无任何联系。这种严格的界限是以大贵族和自由职役享有的自由服役权为基础的。这一权利表现为自由服役可以在各领主王公的宫廷中自由选择服役的地点。这一权利早在上一时期即已形成，原因就在于最高权力归整个王公家族掌握。这是当时政治制度的特征。由于权力属于整个家族，由他们共同统治罗斯土地，故而军役人员可以不受阻碍从一个王公家族转到另一个王公家族。当最高权力分散于各领主王公后，回忆共同的家族渊缘有助于保持这一旧习惯，而在契约文件中，这种作为军役人员权利的旧习惯都有所反映。在卡利塔公诸子 1341 年会盟的盟约中，我们可以看到这种权利的表现形式。当时诸弟对长兄谢苗大公说："大贵族及自由职役可以听其自由：若有愿离吾国而去汝大公或离汝大公而来吾国者，皆不得心生怨恨。"（即不因收留离去的臣仆而招致彼此产生仇怨。）自由职役由一个大公转而投效另一个大公时，并不失去其在离开公国内取得的庄园。因此产生了一个普遍的现象：很多自由职役人在甲领主公国效劳，他的土地却在乙领主公国内。这种现象引起严格划分自由职役的职务关系与土地关系的办法。契约和遗嘱等文件相当细致地规定了大贵族和自由职役关系中的这两个方面。

1. 自由职役作为地主，负担当时与土地占有相联系的赋税，并向其田庄所在的领主公国缴纳赋税。这种按土地占有地点决定对领主关系的做法，当时用一句话来表述，即"审判、赋税决定于土地和水域"。这就是说，对军役人员的土地问题进行审判，或向他的田庄征收赋税，这些权利统属于田庄所在国的领主王公。2. 作为军役人员，自由职役要为他所效劳的领主负担一定的差役。出征时大贵族与自由职役均站在该领主的旗帜下，而不站在其田庄所在的领主王公的旗帜下。这意味着他们的服役完全具有个人性质，仅涉及服役者个人，同他的土地财产无涉。但有一种军役是从土地的角度来涉及军役人员的，它把军役人员同其田庄所在地的领主而不同他为之效劳的领主联系起来：如果城市遭到敌人进攻或围困，全县地主均有义务保卫城市，包括为另一领主王公效劳的地主也应如此行动。这种义务称为守城役。在瓦西里·德米特里耶维奇大公于1405年同诸弟的盟约中做了这样记载："若为某王公效劳，不论家居何处，均得随该王公出征；若遇围城，不论谁居于该地，均应同心协力。"最后这句话的意思是，围城时该县地主都应入城为保卫它而战斗，不论他们在哪一王公领主门下效力。

这就是领主时期形成的大贵族的服役关系与土地关系。所有这些规定赖以建立的共同基础，是显而易见的，这就是自由职役同领主之间的契约，而不是共同的法律。在服役关系上，这样的基础也十分明显。编年史上有一段叙述向我们表明了这种情况。1378年，立陶宛发生大乱，特鲁布切夫领主德米特里·奥利格尔多维奇投到莫斯科大公门下效力，用编年史的话来说，他"寄于莫斯科大公门下，设誓立契"。大公对这位出身高贵的属下优礼相待，接受了他的"设誓立契"。这样，在大公门下担任职役的地位通过"契"（即个人间的契约）得到确认。同样，在自由职役与领主之间的土地关系上，也可以发现同样的基础。自由职役经领主允许可以在领地上取得土地，并按双方都同意的条件占有这些土地。因此在领主时期，这些条件才那样的五花八门。领主授予服役地主以领地上的一定职权，并免除他们的田庄交纳某些田亩税，免除某些按田亩摊派的徭役。

第九讲

黎民或百姓同领主王公的关系—“廷下职役”是介于服职人员与黎民间的过渡阶层—各阶层同领主王公间的由契约规定关系的性质—契约对个人臣属关系的作用—家奴及其从业种类—典身奴是自由民与奴隶间的过渡阶层—领主时期的社会划分与前一阶段社会划分的关系

【黎民或百姓同领主王公的关系】在研究封建领主公国大贵族和自由职役的境况时，我们发现这些人同领主王公的关系取决于两者之间订立的个人契约。领主公国黎民或纳税民的关系也建立在同样的基础上。只是黎民不能像大贵族或自由职役那样直接同领主议订契约。这种差别是由于领主与其领地中各类土地的不同关系。领主公国的所有土地可以分为两类：一类直接归大公掌握，另一类由他转授其他占有者为财产（所谓土地占有者，有的指人，有的指机构），领主仅仅保有最高领有权，即审判权和接受贡赋权。有时，甚至这种权也连同其他领属权一起，被完全或部分转让与个人占有者。领主把自己掌握的大部分土地以一定条件交付城乡黎民耕种，但不分别授予个人，而以社团为单位，在他们之间建立连环保，迫使黎民遵守使用条件。地主的土地也由地主本人分租给黎民耕种，条件由地主制订，其中包括领主要求该领地黎民普遍交纳的赋税。黎民或与社团订立契约，或与田庄庄主订立契约。但这两种情况均可视为与他们所在领地领主订立的间接契约，因为纳税社团或地主向黎民提出的全部要求或绝大部分要求，都决定于王公领主提出的条件。如果黎民不同意这些条件，则可以移居他国。黎民的这种迁徙自由与大贵族、自由职役相同，到处都予承认。在特权书状中，领主给予每一地主从别国召募纳税民的权利，并认为这种应募迁徙不属于非法迁徙。1496 年梁赞诸领主在契约中规定，农民从一国直接迁徙到另一国的权利与最高阶层人员相等。“会盟诸公之子兄弟称，大贵族、小贵族、自由职役和农民均可自由来往于我兄弟之间。”由于有了这种迁徙自由，到封建领主时期，居住在地主个人土地上的农民，才有了法律上的重要收获。《罗斯法典》时期，典身农或地主的债农如未偿清债款即离开地主，就要沦为地主的家奴。到 15 世纪，这样的农民有时被送还他所逃离的地主，着其还清债款，有时仅强迫他于两年内还清债款，并可不付利息，但在任何情况下，他都不失去人身自由。从 12 世纪的《罗斯法典》看来，农民外逃是一种应受严惩的罪行，但在 15 世纪，却被视为一般民事违法行为。

【“廷下职役”是介于服职人员与黎民间的过渡阶层】黎民等级与自由职役等级之间还存在着一个过渡状态的等级，称为“廷下职役”，或者宫廷职役。在领主宫廷中，除为领主服军役的自由职役外，还有各种负责宫廷经济管理事务的仆役，如书郎、书吏、录事、马夫、园丁、蜂丁以及其他手艺人和杂役。他们从法律上可分为两类，一类是人身依附于领主的家奴，另一类则是自由人。

自由人由于为领主服务，领主便把一定数量的土地交给他们耕种。这些自由的宫廷职役与从事同样事务的家奴不同，被称为“廷下职役”。这一名称来源于他们的主管人员——领主的廷下仆（也称“廷官”）。自由职役在为领主服务时可以使用领主赏赐的土地。由于他们是自由人，所以也可以离开这块土地去为别的领主服务，只不过这时要失去自己的地块。他们同领主的关系在谢尔普霍夫领主弗拉基米尔·安德烈耶维奇于1410年立的遗嘱中规定得较清楚。遗嘱在谈到宫廷职役（录事、马夫、园丁、长工）耕种领主土地的问题时指出：“凡若不欲在该土地居住者，可纳地去居；凡不愿为吾子伊凡王公所用者，不得订立完全契约，其土地应交还吾子伊凡王公。”这一段的意思是说：宫廷职役是人身自由人，不是完全家奴，如果不愿为立嘱人的子女服务，可以迁往他处，但土地须交还立嘱者的继承人。这样，宫廷职役由领主处得到的土地不算是他的财产，只是临时使用。由该遗嘱的另一处还可得出结论，看来他们甚至根本就无权把土地变为自己的财产。宫廷职役中还有领主的司库，其中有自由人，也有奴隶。立遗嘱人在言及具有自由人身份的司库时说：“吾之司库其非购致者（即自由人），若吾后人无须彼等司库时，着即将其司库任中所购村庄按所属领地归还吾后人。”也就是说，即使有自由人身份的司库于任职期间在领地购得的田庄，离开领主时也须归还。购契是取得财物所有权的证据。但自由人司库据购契取得的田庄所有权只是相对的，是为当地领主服务的条件。这就是自由人司库与大贵族、自由职役的不同之处。这一切使宫廷职役具有过渡阶层的性质。他处于自由职役和黎民之间，并同时兼有两者的某些特征。他同自

由职役的相似之处在于他以个人身份为领主服职，但这不是军役，而是像黎民那样为领主带来直接物质利益的经济职务。领主也像从黎民身上一样从宫廷职役身上取得好处，其形式就是后者为宫廷劳动，或以他们土地上的物产向宫廷做出财物上的报效，只不过宫廷职役负担的劳役多少，捐税多少，统由领主亲自规定而已。这同自由职役负担军役的情况相似，而与黎民纳税的情况有所不同，用不着通过社团组织摊派。但宫廷职役也同黎民一样，只能暂时使用领主的土地，却不能像大贵族和自由职役那样把领主国家版图内的无主地视为私产，据为己有。看来宫廷职役的地位一方面像自由职役，另一方面又像黎民。

【各阶层同领主王公间的由契约规定的关系的性质】综上所述，领主社会所有的自由阶层与领主的关系都以民事契约为依据。这种情况使彼此间的关系具有以双方利益协调一致为基础的性质——你为我效劳，我给你好处。领主购买自由人的劳动，为此而向劳动者支付一定的经济利益。这种经济利益又同领主向自由人购买的劳动种类相一致。这种交换在领主时期王公的诏告等文献中表述得十分清楚，根据这些文件很易分辨出各阶层的特点，以此区分出领主社会的等级。军役人员是由不同阶层构成的群体，他们分属两个等级——大贵族和自由职役，相当于12世纪的上等和下等门客团。大贵族在议政机构中为领主效力，构成议政会，在中央和地方军政管理机构中身居要职，是领主最亲近的协助者和领地管理及审判的领导集团。领主由于这些人为自己效力而赏给他们俸禄——这是中央和地方高级管理职务收入的称谓。在领主文告中，有时还对这些俸禄的数额做了具体规定。如大公谢苗

在一份剥夺妻子领地继承权的遗嘱中这样谈到他的大贵族："本大公的大贵族若有人愿为大公夫人效劳并担当职务者，须将担任此职所得之半数献交大公夫人。"[①] 这意味着俸禄的来源是由领取俸禄的管理者从他所管理的居民社团收取的，而这些收入要同大公之妻分享。自由职役为领主担负一般军役，成为领主的战斗力量。为此，领主向他们支付薪饷——这就是与领地管理中较低级的第二类职务相联系的行政司法收入的名称。俸禄，这是较高级管理职务的收入；薪饷，这是较低级管理职务的收入。1314 年，卡利塔公诸子盟约中有一个条件可以用俸、饷之别来解释。会盟诸公子肯定自由职役——包括高级自由职役和低级自由职役、大贵族和一般贵族——选择职务种类和服职地点的权利："为吾父与吾侪效力，领受俸禄和薪饷之自由职役者，均享有充分自由。"对各级服役人员的另一报偿的手段为分予土地。领主允许这些人在领地内购买土地，甚至还把土地赐予他们作为财产，为赐予和购置产业规定了各种法律上的和赋税上的优惠。我们看到，在领主时期，这种因职务而取得的土地所有权同土地所有者的职务关系并没有联系。还有第三种酬付自由服役的手段，这就是以金钱为俸饷。很难说，在各领主公国中这种方式的应用程度如何，是否真在什么地方起过作用。它同行政司法职务的俸饷不同，不是由领受俸饷者直接从被管理的居民身上提取，而是由领主的帑藏中支付。领主时期有一名编年史撰写者谈到对职务给予报酬的另一种

① "本大公之大贵族若有愿为大公夫人效劳管理疆土者，须向大公夫人缴纳所得之半。"引自《国家文献条约集》，第 1 卷，24 号。

形式，即古代的期俸，说是“古代的王公”曾在罗斯使用过。编年史撰写者以此对他生活的时代进行间接的指责，他指出：古代王公并没有敛聚大量财富，并没有用刑事罚金和民事罚款（过堂捐）压得人们喘不过气来，他们只收应收的捐税，并发放给门客团去购买武器，门客团以此为生，征战各国，以雄壮的呐喊鼓舞士气：“弟兄们，为了我们的大公，为了罗斯土地，我们愿效犬马之劳！”宫廷职役从经济上为王公效劳，用生产劳动来报酬他们从领主那里得到的土地使用权；城乡黎民向领主租赁城市商工用地和农耕用地，因此而为领主服役或向其纳税。这就是劳务与利益的交换，它决定了领主时期一切自由阶层与领主的关系。

【契约对个人臣属关系的作用】从法律意义说，这些阶层间的差异又意味着什么呢？它们是不是阶层权利与义务在政治意义上的表现呢？以上述关系相区别的社会阶层，能否称作真正意义上的阶层呢？这些阶层同领主之间的关系各不相同，这一点与 11 和 12 世纪罗斯社会各阶层间的差异完全一样。但如今的这些关系，已不是强制性的关系，而是自愿的关系，它不是由共同遵守的法律产生，而是由个人与领主间的契约产生的。这种契约的条件因各阶层人们必须为领主服务的从业种类不同而有所不同，因人们为了这些服务得到的报偿性质不同而有所变化。大贵族和自由职役、城乡居民和宫廷职役都不是领主的臣属，而只是受他雇用为他服役的人，是他的土地租赁者，或者二者兼有。因此，他们为领主服役与其说是国家义务，还不如说是个人经济上的责任。他们由此而得到的优惠其实不是什么政治权利上或公民权利上的优惠待遇，而是领主为酬报他们的效劳而给予他们的经济好处。

政治意义上的权利和义务产生于共同遵守的稳定的法律，其目的是共同的福利。领主社会各阶级赖以互相区别的优惠和义务来自同领主订立的民事契约，其目的是满足订约双方各自的利益，对双方都有好处。由于领主社会不同阶级对领主的关系具有这种性质，必然会产生社会状况的变化无常。既然社会地位是由与领主的协议所决定的，那么这种地位就不可能是世袭的，自然也就会经常发生变化。领主社会的特点就是社会地位极不稳定，经常发生变化。宫廷职役很容易变成自由职役这一类，也很容易变成黎民这一类；甚至黎民也可能变为宫廷职役或变成自由职役。王公领主倒是竭力限制这种社会地位的变化动荡：他们的契约文件中显然有一种使某些阶层保持闭锁状态的意图，尤其对上层等级如大贵族、自由职役则更是如此。他们想尽办法封闭非服役人员进入这些阶层的途径。例如，在我已经提到的弗拉基米尔·谢尔普霍夫斯基的遗嘱中，我们就可以看到他对其继承人的劝告："非宫廷职役出身的大贵族及自由职役尽可留任；凡宫廷职役出身者，诸子不得留用。"立遗嘱的领主建议继承人不收宫廷职役担任军职。这样的条件，我们在德米特里·顿斯科伊大公同上面提及的领主谢尔普霍夫斯基会盟的盟约中也可以看到："凡由宫廷职役升为自由职役或由黎民升为百夫长者，我等均不得收纳为官，着应一体严察。"但这一条件在盟约中的出现，这一事实本身即足以说明它同已确定的制度是全然相左的。领主希望能结束人们从一种地位向另一种地位转化的经常变化，故而把这一条作为一种新的手段，但这种措施却成为王公为建立秩序和为了政府方便而对现行法律进行的干预。

【家奴及其从业种类】领主公国自由人社会阶层的结构就是如此。然而，除这些自由人阶层外，在领主社会的最下层还存在着一个非自由人阶层。该阶层的成员在人身上或依属于领主王公，或依附于上层等级。个人的人身依附关系是以个人契约而不以共同法律为基础。家奴就是这样一种在人身上依附于他人的人。他们的法律地位在领主时期仍未起什么变化，但他们的经济地位却有了改观。领主社会结构的基本原则是较多地根据经济特征而不是法律特征把整个社会分为等级，这种作用也反映于家奴的构成上，即家奴被分成许多十分琐细的经济等级。在领主公国内，首先在领主王公的宫廷，无数奴隶被分成两大类：大奴和小奴。大奴又分为服役奴和管家奴两种。服役奴跟随王公领主出征，属自由职役；管家奴管理领主或大贵族的产业，担任他们的管家、司库、秘书等。小奴与大奴全然不同，他们有一共同的名称，称作仆役。他们都是些从事贱役的贱奴。仆役还可以分为两等：家仆——他们专门从事低贱的家务劳动；耕奴——他们在地里劳动，要么耕作宫廷土地，要么耕作私人租赁给他的土地。从法律上看，所有从事这些行业的非自由人都是完全奴隶。由此可见，家奴在保持原来法律地位的情况下，已从经济行业上分化为许多不同的类别。

【典身奴是自由民与奴隶之间的过渡阶层】另一方面，同一的经济契约，又造成位于奴隶和自由职役之间的特殊中间阶层。我们知道，在基督教传入罗斯后的头几个世纪，教会一直坚持如果自由人卖身为奴，只要偿还身价，就可以按自己的意志终止这种依附关系。到了领主时期，领主和大贵族以贷款方式按一定条件接纳自由人为之操持府邸中的事务，但不剥夺他随时脱离这一职务的权利，只要他归还贷款。这种受到人身限制的人在领主时期称为典身奴。他们与家奴不同，是在有条件的情况下效劳，并有权按他们的意愿中止这种效劳。他们同领主或大贵族的关系建立在经济契约的基础上：这是自由劳动者向东家借贷后有义务为东家劳动，直至还清契约的债务。

如果现在我们再次总览一下领主社会的构成，可以发现它分成下列几个阶层：1. 大贵族；2. 自由职役；3. 宫廷职役；4. 城乡黎民；5. 典身奴；最后是 6. 家奴。这种划分的基础，这六个阶层同领主的各种关系的起源，就是民事经济契约。

研究 11、12 世纪俄国社会的构成时，我们发现它的划分是两重性的，即政治上的划分和经济上的划分。政治上的划分建立在人们同最高政权的关系上。较晚时期的经济上的划分则建立在与权利不平等相联系的财产状况的差异上。如今到了领主时期，社会划分仍以人们同领主之间的关系为基础，但这种关系已不是强制性的关系，而是自愿的关系。这些关系的本质在于通过契约进行的物与服务的交换，在于以服务或服役为一方，以对领主产业资源的利用为另一方进行的交换。不同的物与服务决定着社会的阶级划分。这样，领主社会的分化就不是根据对领主的义务上关系，也不是根据财产状况，而是根据同领主订立的民事契约的条件。因此，领主社会的分化既不是政治上的分化，又不是经济上的分化，而是一种经济法律上的分化。用这样的表述方式可以把它同前两个划分相区别。社会结构的这种性质完全符合我们前面指出的领主不是政治意义上的君主，而是经济法律意义上的“东家"的这种性质。**【领主时期的社会划分与前一阶段社会划分的关系】**领主社会的这种划分同过去的几次划分在历史上是一脉相承的。最初，按对王公的义务关系把社会划分为服职人员和非服职人员。但这种政治上的划分却造成这两个具有不同公民权利的阶级在经济上的差异。这些财产差异和法律上的差异又造成不同的社会地位。服职人员大多成为土地占有者，非服职人员则致力于工商百业或进行耕作，而在土地占有和商业-工业资本上，服职人员和商人又握有寄耕于他人土地上（国有的或是私有的）的权利，而这是农夫所没有的。11、12 世纪形成的财产差异也可以在领主时代社会划分的基础中见到。这种划分是由自由人同领主订立民事契约的条件决定的，是由立约双方交换的经济劳务和利益的类别决定的。但显而易见，自由人同领主订立契约的条件又是受立约双方的财产状况或社会地位决定的。土地占有者在领主门下担任军政职务；拥有商业-工业资本的人在城镇向领主租用商业-工业营业用地，在农村向领主租用耕地。这样，就揭示出前后交替的社会分化间的历史联系。每一次新的分化都是建立在上一次分化产生的经济后果的基础上。请大家注意这种联系，因为它将为我们清楚地阐释我们下面要研究的许多新现象的来龙去脉和本质。

第十讲

俄国阶层划分的第三阶段

莫斯科国的等级分类—世袭服职品级—议政品级—莫斯科品级—召募服职品级—城乡纳税民品级—莫斯科的城关居民—大客商—巨商会和呢绒巨商会—平民里、平民坊

现在，当我们研究领主社会的构成之后，让我们再来研究一下我国阶层史中的第三阶段。要确定其上下时限相当困难。俄国阶层史的第三阶段，指的是15、16、17世纪时莫斯科国内部形成的社会形态。约15世纪中叶，已可看到这一形态的雏形。到17世纪中叶，可以清楚地看到它开始进一步转向另一个新的结构形态。因此我把这一时期的上下限分别规定为15世纪中叶和17世纪中叶。研究这两个世纪莫斯科国的社会结构有很大困难，主要原因是社会划分极为复杂。社会分解为无数等级，其数量多得难以做出完整、准确的统计。困难还在于这种社会分化在整个这一时期不但没有停止，反而愈演愈烈。社会几乎在观察者的眼前分解为越来越细的等级。由细碎的阶层拼砌而成的马赛克并没有静止不动，而是在不断变化。起初就存在的那些基本阶级，加上后来又同时出现的许多过渡阶级，它们在逐渐巩固之后，与那些基

本阶级联合在一起，然后又分化出新的过渡阶层。由于这种不断发展的分化，16、17世纪的莫斯科国社会给研究者造成的印象就像是一个旋转不停的万花筒。为了应付这种看来分化不停、杂乱无章的过程，就必须记住这一阶段社会分化的主要根据。我已指出过这一根据，就是国家按个人财产状况把摊派的赋税分成不同的种类，并以此作为根据来划分阶级。这样，每一阶级与其他阶级便有了两个方面的标志来进行互相区别——政治标志和经济标志。构成政治标志的是某一阶级承担的一定的、专门的义务，构成经济标志的是这一阶级人员的财产状况。以这两方面特征为依据，还可以辨别出某些更细小的等级，并把他们归并为大的等级，确立对他们进行等级划分的某些原则。不过，对于这样的划分，我不想讳言我的担心：社会划分得这样细致，使我担心仅把这些阶层列举出来，就足以为你们的记忆造成过重负担。然而这种列举确又十分必要，因为对社会结构及其基础，必须要有一个概念。现在我只好把莫斯科社会的所有阶层按其社会地位高低做一次枯燥无味的列举，以引起你们注意。

我想直接从这种划分的结果入手，对划分的原因和进程做一番研究，那就是先把莫斯科国社会中的所有细小等级都列举一下。这样，我们可以从17世纪中叶这一社会的大致构成情况开始。让我们从它的纵剖面，即由上而下列举各个阶层。尽管列举的内容较难记忆，但不对它进行研究就很难理解社会分化进程本身。

【莫斯科国的等级分类】莫斯科国时期，社会划分为大大小小的等级，在当时的政治用语中，这些等级统称为“品级”。在莫斯科国，凡担负与其经济地位相符的一定国家义务的社会阶层，均可称之为品级。所有品级按其经济地位和在国家中的地位，又可分为三类，即：1. 服职品级；2. 纳税品级；3. 非纳税品级。

【世袭服职品级】服职品级可分为世袭服职品级和召募服职品级两种。世袭服职品级（即按父职袭官）指按出身作为继承义务承担国家职务的人。**【议政品级】**他们又可分为两级：1. 议政品级；2. 一般服职品级。16 世纪的低品级服职人员为了使自己有别于高品级人员，常说："我们是服职人员，而不是议政人员。"议政品级分三等：大贵族、近侍贵族、议政贵族。议政品级由担任高级管理职务和在国务会议——国家议政会——任职的政府官员构成。**【莫斯科品级】**一般服职品级还可进一步分为两等，即莫斯科品级和地方品级。莫斯科品级即京官，按职位高低又分为侍臣、侍从、莫斯科贵族、随侍四等。由这些名称可以看出，莫斯科品级中的等级之差，起源于在宫廷中担任职役的种类之差。到后来，莫斯科品级构成莫斯科武装力量中的上层人员——"御林兵团"——就是由莫斯科侍从及其他莫斯科品级人员组成，该团队相当于现代的禁卫团。莫斯科品级的人被任命为各战斗团队的统带甚至督军，即担任军官或团长。这些人还在基层行政机构中任职。地方品级分三等：选任贵族、廷差小贵族和地方小贵族。在外省贵族名册中，关于这些品级的情况通常都有所记载，其中第一种是经"推举"出来任职的，第二种是宫廷名册中有名而应召服役的，第三种则只能担任地方职务或承担地方防务。为了弄清这些地方品级的职务究竟有什么区别，需要对莫斯科国主要武装力量的构成有所了解。这支武装的大部兵力由散居各县的贵族构成。这些贵族按财产状况又可分为不同阶层，各阶层担负的军事义务各不相

同：有的地方贵族要参加远征，即到与他们田产所在的县相距甚远的国境去作战；第二类只参加较近的征战，保卫离他们所在县较近的边界；最后，还有第三类，他们完全无力参加征战，因为他们没有马匹和出征所必需的武器装备。通常由他们来组成本境本城的步兵防卫力量。这些不同的服役形式在莫斯科服役语言中形成一套用语，如“君主的远差”“君主的近差”或“防差”。选任贵族和廷差小贵族担任远差，此外，选任贵族还按一定顺序被派往宫廷或首都去担任各种职役。

【召募服职品级】“召募服职品级”也有多种，其中包括下级军职人员，如枪兵（16 世纪初出现的常规步兵）、炮兵和城防火器兵（管理和操纵轻重城防火器）——总之是火器部队；边塞哥萨克、重骑兵、步兵和骠骑兵——在 17 世纪新王朝许多团队都由他们组建而成。这些人都由政府从志愿人员中召募，他们来自各个阶层、主要来自国家的非纳税民。起初，这些人员临时由国家召募参加某一次征战，征战结束后予以解散。但到 17 世纪，这些召募人员已成为固定军人，他们一直要服役到死亡或老病为止。召募品级与世袭服职品级的不同，前者彼此之间不构成什么职级上的差异，而是相互平等，他们只有职务类别上的不同，没有尊卑之分。因此，他们没有职级上的升迁变化。哥萨克可以转为重骑兵，也可转为枪兵，这是军种的不同，而不是职级的升降。这与选任贵族成为随侍或随侍成为莫斯科贵族不能相提并论。

【城乡纳税民品级】第二大部分是纳税民品级，也称庶民品级。纳税民可分为城关纳税民和乡村纳税民两种。第一种指城市中的纳税民，第二种指农村中的纳税民。请不要以为城关和乡村居民之间在经济状况上有多么明显的差别，不要以为前者都是商人或作坊主，而后者则是种地的农民。当时并不存在这样的差别。城关居民中不少人均以耕作为生，而在乡村居民中也有不少从事工商百业的人。这两个阶层之间的差异是政治上的差异——他们组成的社团具有不同的性质。城关纳税民组成市民社团，乡村纳税民组成村民社团。他们各自有专门的赋税，向每一个人摊派赋税的办法也各不相同。国家征收的赋税在市民社团中是按户摊派的，而在村民社团中则是按耕地面积大小摊派的。

【莫斯科的城关居民】城关居民的结构在首都和地方城市并不一致。莫斯科城关百姓的结构特别复杂，他们可以分为下面几个阶层：1. 大客商；2. 巨商会；3. 呢绒巨商会；4. 平民里和平民坊。头三类构成高级商人，他们在首都从事工商百业的百姓中占有特殊地位。**【大客商】**大客商，这是大批发商人，他们同别的城市乃至国外进行商业上的往来。这些人同巨商会、呢绒巨商会的商人区别在于资本的数额。17 世纪下半叶有一名书吏，名为科托希欣，据他说，大客商应拥有流动资金 2 万—10 万卢布。在他那个时期，即沙皇阿列克谢当政时期，1 卢布相当于现时 17 卢布，那么 2 万卢布约等于现时的 30 余万卢布，10 万卢布约等于 200 万卢布。**【巨商会和呢绒巨商会】**巨商会和呢绒巨商会的商人资本较少。如果将大客商同现在的商务专办相比，那么巨商会和呢绒巨商会成员相当于现在的一等商人和二等商人。上述三种商人，视其资本多少，向国家所尽的义务也不一样。他们除城关百姓每人应交的赋税外，还要在国家专利经营和其他营利事业的经营上，完成国家财税上的委托，如：出售“君主的貂皮”，实即出售国库经营的各

种毛皮；出售国家专利酒类；在国内市场上征收关税，等等。这些官差由大客商和两个巨商会的成员轮流担任，不但不给予任何报酬，还要他们以身家财产作保。这类负有一定责任的差事与军役有所区别，称之为委托差，或吻十字架差，即经过宣誓效忠而委予的差役。大客商承担的差遣重于巨商会或呢绒巨商会成员。

【平民里、平民坊】平民里和平民坊的百姓大多为首都从事小本经营或作坊的居民，相当于后来的小市民阶层。里和坊按从业类别划分，因此同后来的行会有某些相似之处。里与坊的区别在于后者由属于宫廷的小商人和手艺人构成，专向宫廷供奉各种食、用物品，或者为宫廷服务，如宫廷花匠坊、铁匠坊、台布织造坊、内衣织造坊等。每一个里或坊都是一个独立的社团，由选举产生的里正、坊头进行管理。

下面还要介绍一下省城城关百姓的构成和乡村百姓的构成，以及位于这些基本品级之间的过渡阶层的状况。在上述概略的介绍中可以看出，构成莫斯科国社会的这些小品级是多么难于记忆，多么枯燥。然而要想弄清这一复杂社会的基本结构，就必须研究它的组成状况。

第十一讲

（续上讲）

官田农民和宫庄农民；农奴—乡村纳税民—非纳税民—自由民—家奴—完全家奴—呈报家奴—典身家奴—契约家奴—莫斯科国社会划分表

我们已开始对15、16、17世纪莫斯科国社会结构进行研究。我是从列举这一社会划分成的等级开始的。它分为三个主要部分：服职人员、纳税民和非纳税民。每一部分都可以分为等级或品级。我已经列举第一部分的品级，并开始讲第二部分人的品级。第二部分——纳税民——可以分为两类：城关百姓和乡村百姓。城关百姓又分为京都品级和外地品级或外省品级。京都城关百姓又分为大客商、巨商会成员、呢绒巨商会成员、莫斯科平民里的居民和宫差坊的居民。上次我的列举到此为止。现在继续讲纳税民的等级。

除莫斯科城关百姓外，还有一种外地城关百姓。按商号的殷实程度或流动资金的多少，这些人也可分为与现时等级商人相当的等级，称为上户、中户、下户。城关百姓的每一个等级，由于承担的税额不同、承担的职务或官府委托的责任不同，构成了政治上与其他品级有别的品级。城关“上户”交纳的赋税是“中户”的两倍，而“中户”则是“下户”的两倍。“上户”和“中户”往往在本县本村被推举为或被委托为烧锅酒店的掌柜，或在本城税关任职，但不能任税关长，只能任宣誓专务员，即税关长的履行过宣誓效忠仪式的副手。这就是外地城关各品级人员分别负担赋税和官府所委差事的大致状况。现在再来谈谈第二类纳税民——乡村纳税民——划分品级的状况。

【官田农民和宫庄农民；农奴】在这些人中，存在着两种划分的办法：一是按其所耕土地的法定地位来划分，二是按其从事农业劳动的力量和资金状况来划分。按前者可分为：1. 官田农民和宫庄农民，他们居住在官府的国有土地上，耕种自己分得的地块，或者更准确些说，要依附于一定的村社，但享有人身自由；2. 农奴，他们居住在地主的土地上，一般靠租赁借贷来解决务农所需的一切，人身依附于土地所有者，没有固定的耕田，不依附一定的村社。

【乡村纳税民】就劳动手段而言，乡村纳税民也可分为两类：1. 耕农，他们分耕整额份地或按一定地区土质及人口密度确定面积大小符合标准的份地，缴纳额定的田亩税；2. 赤贫农，他们是劳力弱的农民，一般也可分为两类，一类耕作的份地要比耕农小，还有一类则根本没有耕作手段，只有一所住屋，靠在农村从事副业或手工业为生。根据这种情况，他负担的赋税也较轻。现在再来研究莫斯科国的第三类人员的等级结构。

【非纳税民】这一等级为非纳税民等级。他们与其他等级的区别在于他们既不为国家服职，也不向国家纳税。他们分为两类，一类是自由民，另一类古代称之为奴婢，现代称之为家奴。

【自由民】1. 自由民，或称无籍民，就其经济地位而言，这是一个五花八门的阶层。其中有些人是别人替他纳税。他们没有产业，依附于纳税民作为后者的合伙者。他们往往帮助纳税民劳动，但不独立承担纳税义务。这可能是与主人毫无关系的外人，也可能是主人的亲属，如失去劳动能力的父亲，或尚未成年、未取得独立承耕权的子女等。无论是外人还是亲属，他们都有一个名称，称作寄养人、同居者、随居者。其他自由民都没有固定职业和永久定居地，往往流徙谋生，按照老话说，叫作“走一处，吃一处”。还有第三种人，他们不事劳动，靠基督徒慈悲行乞为生。城乡都有这种自由民，但他们不依属于任何居民社团。

【家奴】2. 家奴。16、17 世纪的家奴，有些情况同我们在领主时期所见的家奴有所不同。从法律关系上说，当时的家奴其成员都是同类同质的，为完全家奴，但在经济上却分为许多琐细的等级。现在我们研究的这一时期，家奴的情况已有所不同。他们虽仍保留着领主时期的经济状况，但从法律地位上又分成许多非常细小的等级。这些等级之间的差别在于人身不自由的程度和条件。而这一整个阶级与服职人员、纳税民、自由民的差别，其总的特点为他们的人身不自由。现将这些小等级按不自由的轻重程度为序列举如下：

【完全家奴】1. 完全家奴。他们产生于 17 世纪以前，其产生条件早在《罗斯法典》时期及领主时期即已存在。完全家奴首先是一种无条件的家奴和无限期的家奴，其次是代代相传的和可以作为财产继承的家奴。奴隶的不自由的身份代代相传，对奴隶的权利也由主人的后代继承。确定这种完全家奴关系的文契称为完全家奴身契。

【呈报家奴】2. 呈报家奴。他们产生的原因，与完全家奴的产生原因相同，就是卖身为奴。但这种卖身为奴是有条件的和有时限的，它表现为这种呈报家奴不允许用来从事其他工作，而只管理仓库。在契约中有一个专门的程式，说明某人“售予”某主，身价几何，“专司家中仓廪库囤，执守奴役”。其时限表现在“呈报”家奴为奴的限期是到主人临终为止，然后按法律成为自由人，也不付赎身费。这种奴隶的名称来自法律上的手续——需要向官府“呈报”，然后这种关系才被认可。订立此类契约需要报告地方官，由地方官向奴隶问话，对契约进行检验，并加盖印章，才正式生效。所以，认可呈报家奴关系的书面文契称为呈报家奴身契。

【典身家奴】3. 典身家奴。这种奴隶在不同时期产生于不同原因。16 世纪，典身家奴出现的原因是借债以身相抵，同时债户还有义务做“利钱工”，即以到债主家劳动来抵偿债息。到 17 世纪，典身家奴不一定借债，只是签订一个契约便到主人家劳动，对这种劳动也不必事先明确说明要给予什么报酬。典身家奴同呈报家奴一样，都是有时限的：这种关系一直延续到主人死亡，主人死后，典身家奴按法律即成为自由人。确定典身家奴关系的文契称为典身契，它同普通借契有别，普通借契不形成人身依附关系，也不要求债户必须用劳动抵偿。

【契约家奴】4. 契约家奴。自典身家奴不再受强制的、必须以劳动抵债以后，契约家奴的形式便开始发展起来。契约家奴与典身家奴的区别在于产生的原因不同、不自由的条件也不同。这种形式产生于以劳动强制抵付债息，产生于劳动结束后才付给报酬的雇佣方式，还产生于包雇方式，即主人承担以衣食供应雇工的义务。契约家奴不是终身家奴，是在一定时期内的家奴。按照协议，这种关系可以持续一定年限，或直至主人死亡，或是到主人的子女死亡，一般都是到奴隶死亡。契约家奴同典身家奴不同，这种关系不仅可以由入籍为奴者本人与主人谈判达成，还可由其父母、长辈或女奴的丈夫与主人谈判达成。父母将子女、伯叔将侄男女、兄长将弟妹、丈夫将妻子送去当家奴的均有所见。米宁说："抵押上我们的妻子！"这并不是一句空话，而是最实在的法律用语，它所反映的是司空见惯的、每日都在发生的契约关系。确立这种奴役关系的文契称为活契。

16、17世纪，莫斯科国社会各类品级的这一长串令人厌倦的单子我总算列举完了。我对这一社会在《法律大全》形成时期（约17世纪中叶前）的结构作了描述。我以纵向剖析的方法列举了这一社会的各组成部分。我们看到整个社会分为三个部分——服职人员、纳税民、非纳税民，每一部分又各分为若干等级，再往下又分为几个小阶层或品级。这些品级的地位各不相同，相互关系也各不相似。有些部分品级构成职务上的阶梯，级与级之间的差异在于各自担任国家义务轻重和重要性不同。因此，在这种情况下就出现职级的升迁，人们可以在职务上或财产状况上由低级向高级晋升。服职人员这一部分和城关纳税民这一部分的品级就是如此。在其他部分，品级不具有构成高低不同的阶梯的作用。品级是互相平行、横向并列的。他们不是在所担任的国家职务上有轻重不同和重要性差别，而是各有其对国家来说意义同样重要的专门义务。例如召募人员划分为枪兵、哥萨克、炮兵、城防火器兵等各级品级就是如此。所以这里不存在人们职务级别

的升迁。一个服役人员不能由于其职务或财产由炮兵升为哥萨克，或由哥萨克升为枪兵，因为枪兵也好、哥萨克也好、炮兵也好，这只是服役种类的不同，而从政治意义上说，劳务的价值却是相同的。为了使大家能牢固地记住莫斯科国的品级划分，我把它列成一张表格，以求对社会划分有一个直观的认识。

莫斯科国社会划分表

甲类：服职人员

Ⅰ. 世袭服职人员

1. 议政品级：
   1）大贵族；
   2）近侍贵族；
   3）议政贵族。
2. 莫斯科服职品级：
   1）侍臣；
   2）侍从；
   3）莫斯科贵族；
   4）随侍。
3. 外地服职品级：
   1）选任贵族；
   2）廷差小贵族；
   3）外地小贵族。

Ⅱ. 召募服职人员

1）枪兵；
2）哥萨克；
3）炮兵，等等。

乙类：纳税民

Ⅰ. 城关纳税民

1. 莫斯科城关品级：
   1）大客商；
   2）巨商会；
   3）呢绒巨商会；
   4）莫斯科平民里及平民坊。
2. 地方纳税品级：
   1）上户；
   2）中户；
   3）下户。

Ⅱ. 乡村纳税民

1. 官田农民和宫庄农民：
   1）耕农；
   2）赤贫农。
2. 农奴：
   1）耕农；
   2）赤贫农。

丙类：非纳税民

Ⅰ. 自由民；

Ⅱ. 家奴：

1）完全家奴；
2）呈报家奴；
3）典身家奴；
4）契约家奴。

第十二讲

莫斯科国社会分化的起源和进程—这一分化的政治基础—最高政权在意义上的变化—莫斯科君主的政权与此前罗斯的两种最高政权在类型上的区别—君主同社会的关系在性质上的变化：1. 政治臣属概念的产生；2. 人身隶属关系的消失，“君主的臣仆”这一称谓的政治新义；3. 由契约规定的各阶层义务向国家义务的转化—按阶层分配国家义务的共同基础—结论

【莫斯科国社会分化的政治基础】什么原因使社会阶层分化得如此纷繁？它始于何时？又完成于何时？这种分化产生于十分复杂的历史进程，在古代罗斯的生活中，早自领主割据的东北罗斯联合为莫斯科君主的政权之日起，它已初露端倪。这一过程虽不属于世界性重大历史现象之列，但却相当独特。从这里不仅可以看到人民性的特点，还可以看到历史运动普遍的动因，看到社会生活机制的推动力。如果你们与我一样对这类现象感到科学上的兴趣，那么同我一道来进行一番耐心细致的考察，我愿意在这里起一点向导作用。首先，我把这一分化的共同政治基础谈一下，从莫斯科国整个结构的种种细节中抽出其共同基础，而对细节本身只想一带而过。

东北罗斯政治上的联合从根本上改变了领主时期确立的领主与领主社会各阶级间关系的性质。我们看到，在领主时期，这些关系以私人民事契约和农奴人身隶属关系为基础，体现为立约双方在物质服务和物质利益上的互相交换。这种关系的性质完全符合封建领主的法律意义，因为他们只不过是领地主，而不是领地社会的统治君主。一方面，各领地政权林立；另一方面，人们仍保留着对分享这一权力的各领主家族渊源的记忆，这种情况使自由民有可能同一个领主解除契约，再同另一领主订立新契约。这样，领地社会的人员结构、该社会同领主间关系的产生和终止，都取决于纯偶然性的条件——取决于领主本人和同他订立契约的自由个人的意志。而领主究竟能支配多大的领地，这取决于其先人的意志：每一领主一般只能占有他父亲、兄长或远亲在遗嘱中留给他的那块地盘。

【最高政权在意义上的变化】分散于各领地的权力集中到莫斯科君主手上之后，虽从两个方面，但却从同一个方向上改变了莫斯科君主在国内的地位：1. 他的权力范围和内容，都已不再取决于个别人的意志这种纯偶然性的条件，而取决于国家的要求，取决于政治上的需要。当东北罗斯在莫斯科君主的政权下统一后，君主已成为整个大俄罗斯的统治者，即成为整个大俄罗斯民族的主宰。而且，他还在自己的称号上冠以“全俄君主”的头衔，由此可以清楚听到他觊觎罗斯尚未归附的其他土地的弦外之音。于是，莫斯科领主取得了民族统一的缔造者和民族利益保护人的地位。莫斯科国境内的罗斯居民对君主的顺从，已不再由于同他订立了协定，而是由于自己是俄罗斯民族的一分子，有着同民族共同的利益。这一地区的占有者如今已成为社会的统治者，其政权的范围和性质，以及他所统治的社会的人员构成，如今已不再取决于民事契约的条件和数量，也不再取决于他先人临终前的遗愿，而是取决于民族的疆界和人民福利的目的。2. 在这种具有绝对意义条件下产生的臣民对莫斯科君主的依附关系，已不再能够用领主时期的老办法——出走或迁居——来轻率地加以中止。16 世纪，在雅罗斯拉夫尔、罗斯托夫、诺夫哥罗德、特维尔、普斯科夫、梁赞和切尔尼戈夫一线的许多公国并入莫斯科国版图后，整个罗斯平原上已没有一块土地属于独立于莫斯科君主并与其在血缘和信仰上相近的领主了。如今除非法逃跑外，要想离开莫斯科国家已绝不可能。原来各罗斯公国的自由居民享有得到各领主承认的外迁权利，如今这种行为就其性质而言已成为政治上的叛逆、民族宗教上的变节。这样，过去自由民在一段时间内相对隶属的政权，如今已成为这些人必须无条件服从的政权。

【莫斯科君主的政权与此前罗斯的两种最高政权在类型上的区别】性质上起了这样变化之后，在我国国家法的历史上，莫斯科君主就成为最高政权的一种新类型。他同前两时代的统治类型都不相同。11、12 世纪，罗斯的最高政权属于整个大公家族，他们共同统治整个罗斯的土地，统治生活在这块土地上各部族的居民。13、14 世纪，这一掌权的家族分裂为无数具有血缘关系但又彼此独立的领主。他们是领地的世袭所有者，但却不能认为是领地社会的政治统治者。构成这些社会的个体——自由民——并非他们的臣民，而只是订立契约的一方，是为他们服务的自由雇佣者，或是他们领地上的自由土地租赁者。莫斯科君主把上述两种情况的某些特点结合起来：他既是全部国家土地的世袭所有者，又是居住在这块土地上居民的政治统治者。然而除领土和政治这两大特征外，在莫斯科君主的权力内容中，还增添了第三个特征，这就是民族特征。11、12 世纪的王公家族政权不具有这种民族意义：它不是以民族统一感情为基础，而是以征服的事实为基础的。俄罗斯民族的意识刚在人们头脑中萌芽，但还没有注入国家法中，没有注入政治制度中。14 世纪的领主也不具有这样的意义，因为他们每人只占有一小块罗斯土地。由于罗斯土地的这种分裂割据局面，民族政治统一的思想本身也遭到破坏。可是在莫斯科君主身上，这种民族意识不仅是他实际政治权力的基础，而且还是他种种政治贪求的理由。当他成为俄罗斯民族的主要部分——大俄罗斯部族的共同利益保卫者之后，他就进一步力图成为整个民族政治统一局面的缔造者，他把政权扩大到其所有宗支、罗斯人民曾一度占领的所有区域作为自己的任务。这些贪求在莫斯科大公的头衔中得到反映，那就是“全罗斯的沙皇和大公”。由此可见，莫斯科君主的政权与 12 世纪王公家族的政权，其区别在于前者是集政权于一人，而不是集体政权；它与领主时期政权的区别在于它不仅管辖一定的地域，而且还进行政治上的统治。它还有一个同上述两者均不相同之处：它是一个民族的政权。

【君主同社会的关系在性质上的变化】最高政权在意义上的这种变化，彻底改变了它对整个社会以及对社会上个别阶层的态度。现在我来列举一下这些变化，它们引起一系列彼此密切相关并出于同一根源的后果，这就是最高政权的民族意义。

【1. 政治臣属概念的产生】1. 最高政权的这一新意义把领主的身

份从自由立约的对象变为莫斯科国家的政治臣民。这样，政治臣民的概念又复活了。在 11、12 世纪我国的法律中，这一思想曾一度发出过微弱的光芒，然而时隔不久，在王公家族分崩离析、互相为敌的局面下，在罗斯土地上分裂为许多独立地区的情况下，这一缕微光却一闪即逝。如今政治臣属的思想却从另一个泉眼里又冒了出来。这一源头已不是第一阶段的那个源头了。那时，政治臣属的起因是征服，被征服的人就成为臣民。如今的臣服概念，产生于民族统一感和提防威胁人民自由的外来危险的意识。如今凡是俄罗斯人、凡是与莫斯科国家同一种族同一信仰的人都被认为是臣民。

【2. 人身隶属关系的消失】2. 由这一变化又产生了第二个变化。奴隶对领主个人的人身隶属关系变成对国家的臣民关系。这是莫斯科国法律最重要的特点之一。莫斯科君主不像 12 世纪王公那样，有许多人身隶属于他个人的奴隶。在 15、16 世纪，这样的奴隶同自由民相融合，成为莫斯科君主的臣民。但这里应该指出一个可能妨碍，而且往往也的确妨碍着对莫斯科国社会结构确立正确看法的现象。人身隶属于君主的奴隶同君主的自由民相融合，影响到后者在法律上的称谓：自由人，主要是服职人员，在领主时期同奴隶有着不同的称呼，叫作自由职役；但到了 16、17 世纪，同莫斯科君主打交道时，这些人却开始自称“君主陛下的奴仆”。**【“君主的臣仆”这一称谓的政治新义】**对于这种现象，大可不必按我们颇为敏感的现代感情来加以理解，以为这种自称过于卑贱，有失体面。我们也不必以为莫斯科国的自由人统统成为人身隶属于莫斯科君主的奴隶，就像领主的奴隶或者 16 世纪依然残存的奴隶主私有的奴隶那样。11、12 世纪的王公所以能有这样的奴隶，

因为没有一个王公能体现最高政权。最高权力掌握在整个王族手中，而个别成员只是这种权力的地方代表。因此他们才有可能与个别的人建立这种私人间的奴隶所有关系。领主也可以拥有这样的奴隶，因为他们在法律上算不得领地社会的统治者，而只是契约的一方。但 16 世纪的莫斯科君主却不可能拥有这样的奴隶，因为这样的奴隶是私有利益的工具，而莫斯科君主在开始把自己作为民族统治者之后，同臣民已不是以私人利益相关联，而是以整个民族福利的目标相联系。上述现象主要是一个政治术语问题，而不是国家法的问题。但术语问题也不容忽视：政治术语的历史虽不能说就是政治形式的历史，但至少可以说是政治概念的历史。臣属于国家的思想产生于大俄罗斯民族的政治团结，这是前几世纪分裂为无数独立政治联合体的罗斯社会所不熟悉的新思想。在领主时期，人们知道的唯一的臣属关系，只是以民法手段依属于主人的法律上的奴隶。当国家臣民思想出现时，这一新的政治关系便沿用了民法的惯用术语。这样，从前的大贵族和自由职役在莫斯科国家内也开始被称为君主的奴仆，这意味着由君主的有期限的自由雇员转变为承担永久性义务的臣民。除此而外，这一称号再也没有任何其他意义。当人们的头脑中产生新的概念时，他们往往要到旧的熟习的词汇中去竭力搜寻，遇到什么词在意义上比较相近，就把它拿将过来。再说一遍：当莫斯科国家由于民族的共同福利而不是由于私人利益出现隶属关系时，当时的语言就利用旧的民法术语来称谓这种新的政治关系。但新的政治关系与旧的民法术语两者在内容上并不吻合。这种仅由某一阶层用语的历史中得出的结论只有靠牢牢记住，才能在认识我们研究 15、

16 世纪我国社会结构产生的这些现象时不致产生误解。这意味着由人身隶属于君主的奴隶向君主的臣民的转变也与君主政权的民族意义密切相关，这是后者的结果。

【3. 由契约规定的各阶层义务向国家义务的转化】 3. 社会各阶层对君主的关系，在起源上发生了变化。从物质、经济意义上说，这些关系仍与前一样，但它们已不再产生于私人契约，而产生于共同法律。服职人员主要以剑和策来为君主服务，同时从君主那里得到有收入的职位和俸禄。然而现在即使他们不拿俸禄，也要尽服职的义务。如果他们继续拿俸禄，只是因为这是保证他们有效服务的手段。过去君主供养他们的原因是他们为自己服务，如今君主供养他们的目的是使他们具备服务的条件。纳税民也是如此，只要他在某一领地的城市有限期地使用某一地块从业，或在乡村使用一块耕地，就需要向领主交纳赋税；如今他已不得不使用这一从业地块或耕地，因为他没有这个地块就无法交纳赋税。这就是说，国家的君主和自由民以条件与优惠互相交换的形式并没有发生变化，但交换的性质、条件与优惠之间的联系却变了。原先，这种联系是法律性质的，它由双方自愿协商确立，即用民法契约来确立；如今，这种联系成为政治性的、强制性的，是应政权单方面的要求而建立的。因此，原先作为自由民按契约为领主服务的法律条件或法律后果而存在的由契约规定的优惠，如今仅仅是保证更好地为国家尽义务的经济手段。这些条件与优惠之间的法律联系的变化，即君主同社会之间的关系的产生原因的变化，可以归纳为一句话，就是：自由民方面由契约规定应尽的义务变成了国家义务。而领主方面由契约规定应提供的优惠变成了

官方为有效完成这些义务而提供的资助。

【按阶层分配国家义务的共同基础】俄国国家法历史上的这一转变是一个根本性的转变，它在一个相当长的时期内决定了俄国社会的政治状况。这一事实赋予莫斯科国的整个制度以一种独特的性质。我们知道，在别的国家中，国家制度的基础建立在阶层权利与阶层义务的结合上，或者建立在某些阶层集中占有权利、另一些阶层单独承担义务上。莫斯科国政治制度的基础却是对所有阶层都只分配义务而并不结合权利。诚然，这里也有与义务相结合的不一致的优惠，但这些优惠并不是什么阶层权利，而仅仅是为了使之能承担义务而予以的经济资助。在莫斯科国，这种义务与优惠的关系同其他国家政治义务与政治权利的关系恰恰相反：在那些国家，义务是由权利产生的，是享有权利的结果；在这里却不然，优惠只是国家义务的政治后果。这种关系的差别表现在：在那些国家，凡放弃阶层权利的人，同时也就被解除阶层义务；这里却不同，义务是绝不允许解除的，甚至在放弃优惠的条件下也是如此。有的人常常并不享有相应的优惠，但却仍要承担义务。例如，莫斯科国的义务兵役是同拥有田庄相联系的，但有的服职人员只要有钱能保证服职，只要有了足够的田产，就不再得到俸田。国家制度的这种特殊结构，主要原因在于促成这一制度的共同利害关系。这个利害关系就是人民受到外来危险的威胁，唯其如此，原来政治上四分五裂的各部分人民才能团结在一个政权之下。大俄罗斯在莫斯科君主的统治下团结起来，不是为了征服，而是由于受到外部危险的威胁，它危及大俄罗斯人民的生存。历代莫斯科君主也曾以武装斗争形式扩大他们的领土，但那是同地

方统治者进行的斗争，而不是同地方社会进行的斗争。莫斯科历代君主在打败了各领主公国的统治者或自由城邦的贵族之后，并没有遇到当地社会的反抗。后者大部都先于其统治者自愿倒向莫斯科。这样，大俄罗斯政治上的统一是由为民族生存而斗争的必要性所引起的。这种必要性有碍于阶层权利概念的确立。在我国历史的第一阶段，当军事征服发展为国家制度时，要确立这样的概念是很容易的。战胜者力图为自己取得尽可能多的权利，而给战败者加上尽可能多的义务。莫斯科国的全部力量都集中于对外斗争，因而立法上进行的努力自然也应集中于一个问题上，即社会各阶级在这场斗争中应该起什么作用，而不是集中于每一阶级应该享受什么权利。立法工作的内容是如何分配民族斗争的负担，因为斗争对这样的负担提出了迫切的要求；而不是如何分配阶层权利，因为权利无法实现目的。

【结论】综上所述，君主与社会的关系的三个变化，完全产生于莫斯科国最高政权取得的民族意义。在这些变化的影响下，社会经济划分对政治划分的关系也起了变化。在领主时期，领地上自由人的经济地位取决于这些自由人向领主承租之类的义务。服职人员往往成为地主，这是因为土地所有权是他们同领主订立契约时必不可少的条件。与此相仿的是，黎民不是成了城关工商从业者，就是成了农夫，因为在这些人同领主订立的契约中，使用城关地皮开办工商事业或使用耕地也是必不可少的条件。如今经济划分与政治划分的关系完全改变了，已彻底颠倒过来：由于国家赋税是理所当然必须交付的，而经济状况只不过是交纳赋税的手段，故而现在各阶级所承担的国家赋税的种类要由它们的经济状况来决定。如今的莫斯科政策必须按照各社会阶级脱离领主制时的经济地位来调整国家摊派给它们的阶层义务。这种经济划分与政治划分关系的变化，表明了臣民中分配赋税的总原则。在社会阶级体制中，这种变化把每一阶级的经济状况同它们为国家服务的类别联系起来。由此形成了一条作为莫斯科国社会划分基础的规则，这就是按社会各阶级的经济状况在各阶级之间分配国家义务。

莫斯科国的政策以此为基础，确定一切社会阶级在国家中的地位，并以此为出发点，制定专门分配手段来指导为各阶级摊派国家赋税的工作。

第十三讲

国家向社会各阶级分配赋税的实际手段—在服职人员中按品级分配义务的手段—领主时期莫斯科大贵族的结构和性质—16 世纪莫斯科大贵族中按门阀世系划分的三个阶层

【国家向社会各阶级分配赋税的实际手段】我把上一讲的内容再重提一下。我曾试图提出和说明莫斯科国社会划分的政治基础。这些基础的奠定是由于最高政权在大俄罗斯政治联合的影响下，性质发生了根本变化。政权由契约性质和领土性质变成为强制性质和民族性质。政权的民族意义是引起它同大俄罗斯人民在关系上发生重大变化的原因。由于这些关系建立在民族共同利益的基础上，所以全国所有居民就从契约一方统统变成为君主的臣民。由于保卫国家免遭外来侵害是构成君臣关系基础的根本利益，那么对外防御重担就分解为强制性的专项义务，以代替原来居民根据契约对领主承担的义务。这样，国家义务就成为社会分化的基础，成为各阶层或阶级的重要特征。社会分化的这些政治基础，自然而然地又产生向各阶级分配国家义务的主要规则。在领主时期，各居民阶层的契约义务是由这些阶层的经济状况决定的。当契约义务变为国家义务后，各阶层间义务的分配也要适应这些阶层经济地位的差异。这样，按各阶级经济地位分配义务就成为分配义务的共同规则。

上一讲结束时，我们概括了向各阶层分配国家义务的规则，以它们为指导，莫斯科国的政策在16、17世纪建立起新的社会制度，在对外斗争的环境中，这一制度逐渐得到巩固，取代过去的领主制。新的制度是一整套政治体系，它相当严密完整，而且实践中行之有效。这种效应，是由它收到的效果证实的：在两个多世纪中，从15世纪中叶到18世纪上半叶的后半期，它帮助国家在三个方面的斗争中（即在西方、南方和东南方）都取得了胜利。当时西欧各国所经受的外部困难，都无法与之比拟。至于说到这一制度的严整性与连贯性，我希望在我讲课中能予以揭示出来。我们有必要仔细研究这一体系，这样在讲解我国18世纪确立阶层结构的起源和意义时，才不至出现什么困难。

莫斯科国的政策在以上述原则为基础组织社会时，牢牢遵循从领主时期继承下来的社会制度。我们知道，领主时期的社会可划分为两大部分，他们彼此以对待领主的不同态度和经济地位的差异相区别。服职人员为领主个人效劳，担任军政职务，手里掌握着私有地产；纳税民则使用他人的土地，有属于领主的，也有属于私人的，为此他们要缴纳行会社团规定的赋税，担任一定工作。莫斯科国的政策改造了领主社会，把协调私人利益的制度变成为国家利益而建立的制度，并使国家利益带上了强制色彩。例如，如果在领主时期服职人员可以成为土地所有者，那么现在规定，土地所有者一定应该是服职人员。在领主时期，谁是服职人员，通常他就可以成为土地所有者；如今则谁是土地所有者，谁就一定要服职。但在莫斯科政府中并没有专门司理服职人员和纳税民服职事务的政府人员。在领主时期，充任行政工具的还是这些服职人员，只有某些涉及城乡纳税民地方社团的不太重要的地方事务，才交付选举产生的地方当局，如村长里正或同业会长去办理。16 世纪的莫斯科政府增加书郎和书吏的人数，这些人在领主时期负责的只是一些不太复杂的文牍事务。然而，莫斯科政府不仅没有摆脱领主政府的制度，却反而使这种制度在原来基础上变得更为复杂，进一步有所发展，使领主时期几乎不起作用的基层地方行政机关的活动范围更为扩大。如今莫斯科政府打算把一切地方管理权都下放给这些地方机构。这样，莫斯科国的国家管理就分成两个方面：在一个范围内集中涉及国家对外防御和军事力量组织方面的事务，在另一个范围内则集中国内治安和国家经济方面的事务，即管理供给武装力量给养的经济来源。前一个范围是军事行政范围，其中充任政府工具的还是那些服职人员，他们的地位和组织结构在这一范围内已经固定下来。第二个范围是警察事务和财政事务，这些事务由地方民政社团承担，他们的安全也由于设置这类机构而得到保障。这些机构负责筹措物资以供应国家武装力量。在第一个范围内，国家机关是根据直接委托或君主的命令开展活动，故称衙门。在第二个范围内，管理机构是地方社团选举产生的责任当局，其活动只在中央衙门指导监督下开展进行，因此这类管理可称领地管理。

向社会各阶层摊派国家义务的种种实际方法也是这样出现的。这里所利用的正是对领主时期确立的不同经济地位进行摊派的共同原则。这样的经济地位有两种：一是拥有土地作为私产，并以自由佣工或农奴、家奴的劳力来耕作的自由人；二是利用他人的土地，包括国有土地和私有土地，直接以自己的劳力来耕作的自由人。与此相适应的是，利用共同原则制订的国家义务摊派方法，可以下列三项原则说明：1. 谁占有土地，谁就应该为国家服军职；2. 谁直接使用他人的土地，无论是私有土地或国有土地，都应向国家纳税；3. 对于服职事务和纳税事务的管理，均应由服职人员和纳税民本身来进行，但区别在于服职人员由君主任命而获得行政权力，纳税民则由社团选举而获得行政权力，故前者的活动同权力相联系，而后者则同责任相联系。只要记住这三项规定，我们就可以毫不困难地分析 16、17 世纪时莫斯科国形成的复杂社会结构。反之，不承认这三项原则，观察者就会面对杂乱无章的社会结构而陷入困惑莫解的境地。

【在服职人员中按品级分配义务的手段】现在再来考察在每一个别阶级中，国家义务又是如何按品级来分配的。首先，莫斯科国的政策运用上述方法向世袭服职人员这一整体分配国家义务时，把这一人数众多的阶级按等级又分成一系列的官职阶层。我们知道，服职阶级承担着两种义务，一是军职，二是衙门官职。其中每一种官职又可以分化为许多细小成分或专门性的职能。全体服职人员也可以相应分为几个品级。莫斯科君主手下数量庞大的服职人员的结构，也易于进行这种划分。这一阶级由出身门第、经济地位各异的，形形色色的成分构成，这种结构与国家义务的分配无关，甚至早在分配义务的制度形成前就已经存在。莫斯科大公宫廷在领主时期已分为大贵族、自由职役和宫廷职役，到 15 世纪下半叶，它把其他大公领主的宫廷人员也收纳进去，但仍分成这些等级。不过来自其他领主公国的大贵族和自由职役并没有同莫斯科的大贵族和自由职役融为一体。这些国家的政治地位使他们处于莫斯科人之下，组成莫斯科国等级制中一系列新的品级。此外，在所有这些本地的和外来的品级之上，又出现原领主王公及其子孙，他们从独立的君主变成为莫斯科君主的臣民。在最低层还出现了大量新的服职人员，这些人应募而来加强国家对外防御能力，他们都出身于非服职人员——来自教会人员家庭、市民、草原哥萨克，甚至还有农民和家奴。当时，同出身有关的还有这些阶级迥然相异的经济地位。由非服职人员阶层召募来的新人都没有土地；领地大贵族和领地自由职役的后代多半为大大小小的地主。此外，领主王公的后代大部分不仅拥有大量土地，还在他们的领地田庄上保留着相当大的统治权力，几乎同他们领主时期的先人一样。服职人员的服职状况受到出身和经济地位等条件的限制。在当时的国民经济和国家经济状况下，要在军队中很好地服役，占有土地是必不可少的条件。为了在衙门取得高级职位，需要有行政实践经验和凭借特殊门第出身和高贵血统取得的威望，因为当时社会已习惯于看到这些家族成员拥有权力，因而也习惯于对他们俯首帖耳，唯命是从。莫斯科国的政策正是利用这些手段和条件来调节服职阶级的结构。在这样的结构中，政府当局应该如何行动是显而易见的。既然军职服务已成为所有服职人员终身的和世代相传的义务，那就应该按服职人员占有土地多少来分配这些义务。为此，首先要把一定数量的官田分配给出身寒微、没有田产的服职人员，以便保证下级军务能很好地执行。再者，对中等门第或中等家境的人员来说，除军职外，还需要让他们承

担衙门职务中的执行工作；而对于门第高贵、占有大量土地的人，则予以军事管理和民事管理中的领导工作。当局正是利用这种把出身门第、土地占有和服职状况各不相同的人员结合起来的办法，把阵容庞杂的服职人员按高低不等的职位梯阶进行安排。莫斯科当局安排这些人员、按品级分配军事义务和行政义务的手段，为了便于记忆，可以表述为简短的公式：衙门职务——按门第；军事职务——按土地；土地分配——按职务；品级——按门第和职务。在按门第分配的衙门职务中，逐渐又派生出高级的议政品级。按上面所列的品级表，在研究莫斯科国的品级划分过程时，我们从议政品级开始。

【领主时期莫斯科大贵族的结构和性质】早在领主时期，莫斯科宫廷中已出现大贵族。这种大贵族无论就数量或政治性质而言，与罗斯北部其他领主宫廷中的大贵族存在着显著的差别。在大贵族按个人的临时协议为领主服务的权利占统治地位时期，大贵族经常变换服务处所，那时，他们在任何一个宫廷都不可能构成稳定的社会阶级。在任何一个领主公国中，大贵族无论就其地位还是利益，都不是一个稳定团结的社会阶级，而只是一个由某些人在某一领主宫廷中偶然相逢而构成的经常变化的集团。然而莫斯科国的某些情况却早就使这些个别服职人员结成为一个稳定的社会阶级。早在 14 世纪，在莫斯科宫廷服职，他可以得到任何一个宫廷无法给予的好处。这成为大批服职人员涌向莫斯科的原因。而莫斯科的大贵族则很少有人愿意转到别的领主那里去。由于大批大贵族蜂拥而来，到 15 世纪中叶，汇集到莫斯科的大贵族成员中，几乎包括了当时罗斯土地各处的人员。莫斯科大贵族的先祖来自罗斯土地的四面八方，甚至包括来自那些当时受罗斯影响很少的地区。我们只要把主要家族列举一下，就会发现莫斯科大贵族的结构是多么复杂。约 15 世纪中叶，莫斯科君主宫廷中显赫一时的人物分别属于下面一些家族：沃伦斯基（来自沃伦）、克瓦什宁（来自基辅）、普列谢耶夫和福明（来自切尔尼戈夫）、福明斯基和弗谢沃洛日斯基（来自斯摩棱斯克）、阿尔费里耶夫和别兹宁（来自特维尔）、奥夫岑（来自穆罗姆）、帕特里克耶夫–格季米诺维奇王公（来自立陶宛）、萨布罗夫和戈杜诺夫（来自奥尔达）、霍夫林–戈洛温（来自克里米亚）、科什金、扎哈林和科雷切夫（来自普鲁士）。此外，在这些大贵族家族中，有些人门第虽不高，但起的作用却很大，如大贵族莫罗佐夫、波普列温、布图尔林、切利亚德宁等家族。这样的家族不胜枚举。尽管他们出身不同，但地位和关系显然都是十分稳定的。为莫斯科服职得到的利益随着莫斯科政治上的成功而越来越大。这就是为什么在 150 年里莫斯科大贵族始终能同莫斯科君主精诚团结，对他竭诚报效的原因。由于丰厚的利禄，以及随着莫斯科国强盛而在莫斯科大贵族眼前展开的令人瞩目的活动前景，莫斯科大贵族已习惯于同心同德，产生了稳定的政治传统和坚定的政治忠诚。所有这些，使莫斯科大贵族得以建立比之于其他领主国家较强的阶层团结和较稳固的阶层习俗。莫斯科大贵族已不再是萍水相逢的同事和领主手下彼此无关痛痒的雇佣人员了。15 世纪初，在罗斯各领主的宫廷中，没有什么地方的大贵族能比他们更有纪律，更忠诚于自己的领主。正是在这样一群大贵族中，在一系列政治事件影响下，从 15 世纪下半叶起，开始出现深刻的变化，使莫斯科领地发展成

为大俄罗斯国家。

【16世纪莫斯科大贵族中按门阀世系划分的三个阶层】东北罗斯在政治上的联合为莫斯科带来一大批门庭显贵的领主王公。这些人被迫或自愿走下世袭的宝座。这一阶层的人物在地位上要高于原来没有封号的莫斯科大贵族。莫斯科君主不得不承认前者的职位要高于后者，便把一批管理工作的高位交给了这些服职的王公领主。这种优渥待遇是由罗斯政治上联合的进程促使造成的。几乎有一多半领主王公是自愿交出领地，臣服于莫斯科君主，如雅罗斯拉夫斯基家族、普隆斯基家族、米库林斯基家族、沃罗滕斯基家族、奥多耶夫斯基家族、维亚泽姆斯基家族及其他很多领主王公都是如此。莫斯科君主在接受他们做出的重大政治贡献的同时，往往保留了他们的领主身份，或者至少委派他们担任原来领地的地方长官，保留他们相当一部分领主的特权。在他们归顺莫斯科的初期，他们是莫斯科君主的臣下，但更主要的是建立了联合关系的君主，是强国的诸侯。其中有很多王公家族，如奥多耶夫斯基家族、别列夫斯基家族，都在领地上长期保存自己独特的军队，在莫斯科国组织的征讨中，这支军队由他们亲自指挥，独立于莫斯科各军的督军统辖之外。在这种情况下，显赫的领主家族不可能很快同没有封号的原莫斯科大贵族融合为统一的阶级。他们形成凌驾于大贵族之上的人数众多的傲慢的阶层。他们还记得刚在不久前在他们手下也曾有过可以在莫斯科宫廷中遇到的这些大贵族为自己效劳。另一方面，自领主归附莫斯科为它效劳以后，这些服职王公领主手下的大贵族就同过去的主人断绝职务上的联系，直接受莫斯科君主节制。但他们也没有同原莫斯科大贵族融合为一体，未能挤进后者闭锁得紧紧的圈

子，在社会地位上低于后者，因为他们的主人同莫斯科君主相比，是一些地位比较低下的领主。不少领地较小的领主王公，或者早在投靠莫斯科门下服职之前即已丧失了领地独立的领主，也属于这一新的阶层。这样，原莫斯科大贵族就被两个外来的阶级一上一下夹在中间。上面的把他们往下压，将其压入到普通服职人员的行列中去；下面的把他们向上顶，力图使他们脱离服职人员的队伍。

第十四讲

议政品级的起源—近侍贵族品级由大贵族品级分化的过程—上述两品级的门阀特点—议政贵族品级的起源与意义—莫斯科品级的建置状况—16 世纪莫斯科君主的宫廷—1550 年 10 月 3 日发布法令征召大贵族子弟赴京都服职—莫斯科贵族的两种出身结构—莫斯科贵族除一般作战任务外承担的两类专门职务——政务和军务—莫斯科品级与议政品级的关系

【议政品级的起源】上面我们谈到，莫斯科大贵族的构成中包括三个出身不同的阶层。这些新阶层使最高品级的阶梯复杂起来。首先，他们使原来君主驾前浑然一体的议政会——国务会议——产生了品级分化。领主时期，议政会的全体成员头衔都相同，称为大贵族。16 世纪初起，除这一称号外，又出现新的称号，即被列为议政品级第二级的近侍贵族。**【近侍贵族品级由大贵族品级分化的过程】**领主时期的近侍贵族只是一个宫廷职务，其具体职司还不甚明了。就称谓的本身意义而言，近侍意味着领主的贴身侍从，行动不离左右，宫廷接见外来使节时由他主持典礼，领主出巡时由他作为先行，主持出巡途中所需的准备工作。16 世纪初起，近侍贵族的上述特殊职司在莫斯科宫廷中便已消失。而且，君主的议政会已由两个等级的官员组成，一个等级是大贵族，另一等级是“近侍大贵族”，后者的地位低于前者。看来，近侍大贵族同大贵族的关系有点像今天的三等文官与二等文官的关系。后来，到16世纪上半叶，近侍贵族才从大贵族中完全分离出来，成为议政品级中的第二个等级。

【上述两品级的门阀特点】不过，上述头衔又并不完全是职务上的等级，它们还表示大贵族阶层中出身门第上的特殊差异。今天我们可以看到一份起自伊凡三世大公在位初期，止于费奥多尔·阿列克谢耶维奇在位末年的大贵族和近侍贵族名单。就是说，这些名单包括的时间有200余年之久。在研究这些名单时，我们发现具有大贵族头衔的人大多门第高贵，封号显赫。其中有些人进入议政会之初只有近侍贵族头衔，后来才成为大贵族。不过也有一些人一开始就拥有大贵族头衔。从名单看来，这后一种情况都是声名特别显赫的领主后代，如罗斯托夫斯基王公家族，片科夫、雅罗斯拉夫斯基、沃罗滕斯基、姆斯季斯拉夫斯基、叔伊斯基等王公家族。我们在查阅1505—1593年大贵族名单时，发现这一时期参加君主议政会的大贵族约200人，其中130人出身于最显赫的受过封号的名门，只有70人出身于未受过封号的大贵族家族。这就是说，受过封号的显贵家族在这段时间里派入议政会的大贵族约占65%，而派出没有封号的大贵族仅约占35%。这样，在整个16世纪，领主王公之家在拥有大贵族头衔的人数上占有绝对优势。但当我们研究同一89年间近侍贵族的名单时，在我们眼前出现的却完全是另一服职人员的世界。这段时期参加议政会的近侍贵族为140人，其中有封号的大贵族家族或领主王公家族出

身的人不足 30 人，即少于 23%，其余的近侍贵族均出身于无封号的大贵族家庭。查阅 16 世纪族谱这些家族的出身，我们发现，他们都是古老的莫斯科大贵族的后代，祖先早在 14 世纪即已在莫斯科服职，有的甚至还更早。在近侍贵族名单中，经常见到的是一些世代居住莫斯科的古老大贵族门庭及其旁支，如莫罗佐夫、波普列温、萨尔特科夫、图奇科夫、舍因、科什金、扎哈林、雅科夫尔、舍列梅捷夫、萨布罗夫、戈杜诺夫、达维多夫、布图尔林、切利亚德宁、普列谢耶夫等。这样，在 16 世纪莫斯科近侍贵族的名单中，发现了一大群古老的大贵族门庭。这些大贵族从 15 世纪中叶起，受到一群新来的有封号的贵族的排挤。但他们并没有淹没在这群纷至沓来的新贵中，而是保住了自己的地位，在君主的议政会中居第二位品级。

【议政贵族品级的起源与意义】16 世纪中叶起，议政会成员名单中出现了第三品级——议政贵族。这一品级的起源更为复杂。查阅伊凡三世及其子孙在位时的大贵族、近侍贵族族谱，可以发现约有百户这样的家族。我们还可以看到 16 世纪末莫斯科大贵族所修的族谱，其中载有当时在莫斯科国家服过职的大贵族，不下 200 余家。这样，莫斯科大贵族新阵容中的整整半数，在整个 16 世纪并没有自己的代表参加议政会，实际上被剥夺了政治上的优越性，使大贵族家族丧失成为大贵族的作用。这样，大贵族中又出现了一个特殊的阶层，这就是一些不构成议政会成员的人。按出身和“世袭地位”来说，这些人属于大贵族阶层，但在职位上却与大贵族有别，不能参加议政会，因而也不能享有大贵族或近侍贵族的头衔。这一阶层的人通常被称为大贵族子弟，即大贵族的替补者。尽管这些人被拒于议政会议大门之外，但在新的莫斯科国行政组织中，还是给他们分配了重要的工作。莫斯科国的版图越大，其行政组织就越复杂。一系列同过去迥然不同的新机构出现了，这些机构掌管的不是军务，而是财政事务和警察事务。最高级的宫廷-军事显贵对这些事务很不熟悉。他们需要新型的实务人才，这些人应具有军队事务所无法提供的行政经验及处理文牍事务的能力。由式微的莫斯科大贵族出身的以及来自其他领地大贵族门庭的人，构成这一阶层，如今新的行政任务正需要他们。他们的仕途开始于基层，熟悉办理行政事务的烦琐手续，有时也能沿着职务的阶梯爬得很高，他们所主持的工作都很重要，都是议政会经常需要与之打交道的。这样，政府就需要把这些民事行政方面的干才也吸收到议政会里来。但他们的门第出身又过于寒微，阻碍着他们直接以大贵族或近侍贵族的头衔进入议政会。用莫斯科人的老话来说，他们都是些“跟大贵族从不沾边的主儿”。例如久津、阿达舍夫、阿尔费里耶夫、切列米辛、苏金等家族。为了他们又建立第三个议政品级。在伊凡雷帝之父瓦西里大公在位时期，凡遇举行大典，诏告中都要在大贵族和近侍贵族之后提到议政会中的大贵族子弟，即出席议政会、在议政会中有一席之地或应邀列席议政会的大贵族子弟。16 世纪中叶起，议政会中这些大贵族子弟获得一个称谓，叫作议政贵族。

这样，议政会成员就分成三个品级。在获得这些品位的人员名单中，我们发现在莫斯科大贵族中还有三个特殊的阶层。当时的议政品级不是一成不变的、闭锁的政治等级。同一家族的成员，在同一时期可以享有不同的议政品级。议政贵族可以因服职卓有成绩而晋升为近侍贵族，近侍贵族则可以晋升为大贵族。然而这些职衔又不尽是单纯的职级，它还保持部分门第出身上的差异，因为每一个职级中仍保留了一个特殊的家族门第集团。大贵族多半出身于最显赫的领主王公家族，其中包括少部分古老的莫斯科大贵族家族；近侍贵族主要出身于有封号的新贵和进入莫斯科后仍保持其地位的原莫斯科大贵族；最后，出身于家道中落的莫斯科大贵族门庭或外来的领地大贵族之家的人，构成一个成分极为复杂的阶级，而议政贵族则成为这批人中脱颖而出的政治归宿。这样，在16世纪的议政会中，品级结构反映了当时莫斯科大贵族的出身门第结构。在大贵族的各阶层之间，根据这些阶层的门第高下，对衙门的高级职务进行分配。议政人员的活动不仅仅限于议政会的立法工作，这些人还担任其他高级职务，管理莫斯科各衙门和各省，指挥部队，总之是领导所有的管理机构。但这些人享有的威望并不一致。最重要的军政管理职位委托予大贵族，次要的则委托予近侍贵族。而委托议政贵族担任的多为次要的民政职位，如财政、治安方面的职位，等等。

【莫斯科品级的建置状况】接着议政品级出现的是莫斯科品级。其起源同议政品级的划分有着密切的关系。由于能够参加议政会的人数有限，大贵族家族中只有少数成员进入议政会，而且即使是这些人也需要先在议政会之外服职多年，才能在议政会内获得一个职位：大贵族或近侍贵族往往都是些仕宦一生、年近耄耋的人。在大贵族阶级中，绝大部分人只能以大贵族子弟的品衔终老一生，最后也等不到议政会里出现一个空缺由他去替补。**【16世纪莫斯科君主的宫廷】**这些进不了议政会的大贵族门庭的成员或大贵族子弟，构成为莫斯科君主的宫廷官员。16世纪下半叶，在宫廷供职的大贵族子弟有了一个统称，叫作莫斯科贵族。16世纪上半叶前，这个集团的人没有得到妥善安置，大贵族子弟或莫斯科贵族分别在他们有田产的外省各县登记入册。但到1550年，在首都负有服役义务的贵族合并为一个阶级，他们同首都的关系更为密切，有了正规的组织，职务任用上也更明确。**【1550年10月3日发布法令征召大贵族子弟赴京都服职】**1550年10月3日，君主与大贵族一同宣布，由各县选取大贵族子弟及贵族中的上户千人，在莫斯科县及邻近各县距首都不超过70俄里的地方为他们分配田庄。这些被选中的新贵应时刻准备到首都执行政府的各种差遣。根据他们的田俸，可以把他们分为三等。有几个大贵族和近侍贵族，由于在莫斯科附近既没有田庄，又没有俸田，于是也被列入这一批大贵族子弟中。大贵族、近侍贵族和一等贵族赐俸田200切契（每切契合1俄亩半[①]），外赐牧用草场若干；二等大贵族之子赐俸田150切契；三等大贵族之子赐俸田100切契。共安置大贵族及近侍贵族28人，大贵族子弟1050人，赐地13.82万切契，合20.73万俄亩。这1000余人的名单被完好地保存下来。第一等人数极少，都是有封号的或无封号而显要的家族，其中包括安德烈·米哈伊洛维奇·库尔布斯基公爵和皇后的亲兄弟尼基塔·罗曼诺维奇·尤里耶夫。但第二等中的出身门第则很不相同：这里有显贵的门庭，也有默默无闻的服职人员家庭。最后第三等出自名门的人则更少，充斥于名单的全是普通贵族。这样，移居首都周

① 每俄亩合1.09公顷。——译者

围的大贵族子弟分成的三个等级，其实就是按门庭显要程度划分的三个特殊品级。到 16 世纪末，三个等级变成为四个品级，这就是侍臣、侍从、莫斯科贵族和随侍。这几个品级过去都是宫差职位，其地位同近侍贵族相似。如今这些称号已具有纯品级的意义。这一批选取的贵族充实了首都服职贵族的队伍。

【莫斯科贵族的两种出身结构】这样，出现了两种结构成分：有出身于显贵门庭的人们，还有选自全国各县地位低下的外省贵族。按《莫斯科花名册》服职，这对于出身显贵的人们来说，正是飞黄腾达的开始；而对于中下门第的贵族来说，则已是加官晋爵的顶峰。一个大贵族家的年轻公子，在达到投军从戎的年龄时，往往都是从莫斯科贵族或者侍臣的品级开始，然后根据他的门第显贵程度进入议政会取得近侍贵族或者直接取得大贵族的称号。与此相反，一个外省贵族“当选”后要长期服职，然后才能升为随侍，很少能升到莫斯科贵族，升为侍臣的就更少。在查阅 1627 年的大贵族册籍时，明显地可看出莫斯科花名册中的两种不同结构：这里列入了大贵族、近侍贵族和全部莫斯科官员的名字，其中侍臣 236 名，侍从 94 名，莫斯科贵族 826 人；稍后，到 17 世纪中期，随侍约 2000 人。分析一下这个名单中的莫斯科贵族倒是很有意思的。头二三十个名字，都属于显贵的有封号或无封号门庭，如戈利岑公爵、霍万斯基公爵、罗斯托夫斯基公爵、普罗佐罗夫斯基公爵、大贵族门庭的后人舍列梅捷夫、萨尔特科夫、布图尔林，等等。越是往这一花名册的后面看，就越不容易看到名门望族的姓名。出现得越来越多的反倒是一些从来没有在议政品级名册中出现过的姓名，如比尔金、波波雷金、扎格里亚日斯基、

纳乌莫夫，等等。在他们的姓名后面，有的还注明他们原曾是某城市的选任贵族。这就是说，《莫斯科花名册》是服职阶级中的两个组成部分——显贵家族和一般家族在服职生涯中相会的地方。**【莫斯科贵族除一般作战任务外承担的两类专门职务——政务和军务】**由于这样两种不同的结构成分，莫斯科贵族除执行共同的出征任务外，还承担职务上的两类不同委托——一类是行政事务，一类是军务。侍臣和莫斯科贵族在和平时期也要完成差遣：他们受命管理某些次要的莫斯科衙门，在次要城市任军政长官，他们担任朝觐外国宫廷的使团随员，奉命到全国各地去审理重要的刑事案件。总之，他们承担内政、外交方面的特别任务。他们是民政管理的执行工具。此外，他们在军队中也占有完全特殊的地位：侍臣、侍从、莫斯科贵族和随侍，组成最受重视的精锐军团，称为御林军，通常随同沙皇一同出征，其数量有时超过 6000 人。但他们很少全数出动参加征战，这些人还有另一个作用，就是充任外省部队的军官预备队。其中一部分在战时被分派到部队中由外省贵族组成的各军团，在其中担任团长和首领，即营、连指挥官。他们还担任部队军政长官即高级将领的随从。这样，组成御林军的那部分莫斯科贵族，可以称为莫斯科禁卫军；另一部分领导外地贵族团队的人，则起到莫斯科总司令部的作用。不过，不要以为在御林军中莫斯科名册上的人是在担任普通士兵。这些人多数都是大地主，他们参加征战时都带有一大批武装家奴。以后我们还要讲到这种军事职役是怎样按土地占有的数量进行分配的。每一莫斯科贵族在参加征战时，都带有数十名乃至数百名武装家奴，由他担任指挥。因此，莫斯科品级的人员一方面在外省团队中指

挥部队，另一方面在御林军中也起着庄园奴隶兵指挥官的作用。为了把莫斯科贵族的双重作用弄清楚，只要查看一下 1681 年的名册便可一目了然。在这些名册中，侍臣和其他品级的莫斯科官员共有 6385 人，其中 3761 人分散在地方贵族团队担任军官，2624 人在莫斯科禁卫军团——御林军——中服职，但他们带来参加这支部队的武装奴隶共达 2.1 万余人，因而使莫斯科兵团的总人数达到 2.5 万余人，其中每一贵族平均几乎有 10 名奴隶。上述莫斯科官员由于负担的军政事务性质各不相同而又互相有所差别：侍臣接受的差遣要比莫斯科贵族来得重要，以此逐级类推。**【莫斯科品级与议政品级的关系】**此外，这类品级同议政品级一样，其中也有职务升降变化：随侍升为莫斯科贵族，莫斯科贵族升为侍从，或升为侍臣。但这种官阶变化多少同议政会中服职的情况有所不同。议政会的品级主要根据门第血统授予。门第血统对莫斯科花名册上有名的显赫人家子弟，虽也是晋升的基础，但对首都贵族来说，按服职情况即根据功绩而不看血统门第晋级的还是大多数。这样，莫斯科花名册上有名的人在出身门第上的两种成分，也在这些人的职务晋升问题上反映出来。

第十五讲

外省服职品级的起源—按土地分配职务；领主宫廷人员向地方世袭服职田庄主集团转变—按职务分配土地；新的服职地主集团的形成—应征屯戍边境地区危险地段守备人员的土地分配—按土地分配职务和按职务分配土地的后果：1. 地方原有服职世袭田庄主集团的解体；2. 首都贵族的双重性质和双重构成的起源；3. 按土地服职标准的确立

【外省服职品级的起源】在研究高级服职人员的品级（即议政品级和首都品级）的起源时，我们看到这些人都有家族门第上的渊源和政府职务上的地位。他们分别同16世纪初构成莫斯科服职显贵的几个阶层一脉相承，不过其中各品级承担政府委托的重要性各不相同。下层外省贵族的品级划分具有另一基础：这里的品级之差是由按人头摊派军务的办法——即不论是首都服职人员还是地方服职人员都要承担义务的办法——来决定的。如果品贵级高说明这一品级的人得到政府不同程度的信任、享有不同程度的威望，那么地方品级只能说明人们适合担任战斗任务的状况。在当时的军队中，服役人员的战斗力并不取决于他受军事训练的状况或个人是否勇敢，而是决定于他能带多少武装家奴出征，以及他及其家奴的武器装备如何。一个从父亲那里继承大片田庄的年轻显贵侍臣，战斗力可能大大超过一名家道中落的大贵族，因为前者带上战场的可以是数量大得多的精锐之师。然而在军事和民政管理机关中，侍臣地位大大低于大贵族，一时之间很难达到议政品级的高位。不过外省贵族的情况却截然不同，因为在地方决定品级高低的只能是战斗素质。**【按土地分配职务】**所以会出现这种差异，原因在于分配政府职务上的义务时，所依据的是服职人员的血统门第，而在分配战斗任务时，依据的却是土地，是人们占有土地的情况。

【领主宫廷人员向地方世袭服职田庄主集团转变】起初，在莫斯科国形成之初，领主虽丧失了独立性，但他们的“宫廷”却依然留在原地，形成为地方领地地主集团。这些集团失去的只是他们的上层：处于最显贵地位的大贵族阶层随着自己的领主到莫斯科任职去了。莫斯科宫廷的这些外来成分进入首都后，在一段时间内并没有同原来的莫斯科服职人员混为一体，而是形成一些特殊的门阀集团或领地集团。例如1542年接待波兰使臣时，出席宫廷典礼的显贵人士在名单上就可以分为下面几个集团：“奥博连斯基王公家族、罗斯托夫斯基王公家族、雅罗斯拉夫斯基王公家族、斯塔罗杜布斯基王公家族、特维尔宫廷、莫斯科。”而在莫斯科这一集团中，列出当地两个古老的家族——莫罗佐夫家族和舍因家族，以及15世纪末来到莫斯科、出身于拉斯卡里斯家族的希腊显贵拉斯基廖夫家族。属于这些地方性集团的人，如奥博连斯基王公家族、罗斯托夫斯基王公家族、特维尔宫廷、莫斯科等，都在以他们姓氏为名的领主公国中拥有领地庄园。这样，莫斯科国的军人最初组成的是按土地划分的地方性服役集团，即划分的根据是田庄所在地。

【按职务分配土地；新的服职地主集团的形成】除这些以服职人员的领地位置为依据划分的集团外，又出现一些新的集团，它们在对外防御的新战略条件下产生。随着莫斯科国的扩大，一些很少有服职的土地占有者或根本没有服职的土地占有者，但在对外防卫上又需要有这种人的地区，也进入了它的版图。为使这些地区免遭外来侵袭，政府把原领主宫廷中的低级职役及纳税民乃至出自大贵族门下的能征惯战的家奴等这类无地人员迁徙到这些地方去，并把他们列为地方贵族。17 世纪下半叶，书吏科托希欣在描述莫斯科国的状况时，曾提及这种大张旗鼓的军事动员，他说：在往昔之年，在莫斯科国与周围国家战端频起的年代，各种等级的人都被征召为军人，不少人“因军功或受虏掠之苦（即因被俘而受苦）”而出了家奴籍和耕农籍，并因军功取得不大的领地和世袭领地作为奖赏。**【应征屯戍边境地区危险地段的守备人员的土地分配】**这种用分配土地来安置新召募人员的办法成为莫斯科国家的一种新的土地所有制，名为俸田土地所有制。我在这里不想多讲这种土地所有制的来源，也不想讲构成俸田所有制的各种法律关系，因为你们有些人也许在俄国史共同课已经听讲过，还有一些人也将在俄国法学史共同课中听到这方面的讲授。对我们来说，现在重要的是这一体制的实际后果，它表明，地方贵族是如何在俸田所有制的法律帮助下逐渐确立他们的军职地位和土地所有地位的。我只想提醒一点，就是莫斯科国的俸田与世袭领地不同：俸田是国家临时分配给服职人员的土地，一般以终身为期，

其条件是为国家服职，而俸田又是保障服职的一种手段。这种土地占有形式早在领主时期即已产生：封建领主有分赐土地的情况，那里已具有这种占有制的轮廓，只是那时土地不是赏赐给军功人员，而是赐给我们前面提到的宫廷事务上的职役，即所谓“廷下职役”的，而且赐予的土地仅在服职期间才归受赐者所有。到了 15、16 世纪，这种土地所有制普及到所有服职人员，并经立法而成为完整的体系。

这种俸田制体现了构成服职人员军事-土地所有制的基础、并同世袭领地制原则密切相联的另一项原则。前面讲过，当军役成为整个阶级的义务时，这一负担是按土地在军役人员中进行分配的，即按每人的世袭领地的大小进行分配。不过，如果凡占有土地的人都要按占有土地多少来承担军役的话，那么凡经常执行军役的人自然也应该拥有同军役负担相一致的土地。这样，按土地服职的原则就变成另一个相反的原则——按职务占有土地。根据这一新原则，没有世袭领地或世袭领地很少的服职人员就应分得俸田。这种分赐俸田的办法不仅使一批新的俸田主加入原有的地方世袭领地地主集团，而且还在 16、17 世纪整个期间内，各县接二连三建立起许多新的俸田地主集团，使他们担负起就近保卫国境的义务。受威胁较大的西方、南方和东方国境，移殖俸田主的密度较高，他们像一排活的围墙，从三面保卫着国家的中心。从留存下来的文献资料中，我们可以判断这种防御工作的进程。1488 年，即诺夫哥罗德被征服几年之后，有一个阴谋案件被揭露出来，嗣后，诺夫哥罗德曾有 8000 大贵族和显贵市民、商人等被迁徙到莫斯科国土上。这些大贵族和显贵市民大多是大地主。按

照莫斯科国的规定，凡地主均应为国家效劳。然而如继续把这批诺夫哥罗德地主留在他们当地的世袭田庄上，就会对莫斯科政府构成威胁。因此，8000移民被分散到弗拉基米尔、下诺夫哥罗德、穆罗姆、佩列亚斯拉夫、尤里耶夫、罗斯托夫和科斯特罗马等县，分给他们新的俸田，而对他们荒弃的土地，则派去成百上千的莫斯科服职人员。这批诺夫哥罗德移民的世袭领地被收归国有，分给莫斯科人作俸田。而且，为了有足够的莫斯科服职人员去顶替这批人，曾命令莫斯科大贵族图奇科夫、舍列梅捷夫、里亚波洛夫斯基、特拉温等家族将50余户在府中服役的出征家奴废除奴籍。这些出了奴籍的人在与瑞典和立窝尼亚交界的沃奇行政区分得了俸田。我们看到该行政区在1500年编制的一本俸田册。在当地拉多加和奥列霍夫（县城为奥列舍克）两县的14个乡中，我们在俸田册查到106名莫斯科俸田主，其中不少是原莫斯科大贵族的家奴。这些俸田主的庄园共有耕地约4.5万俄亩，从耕的农民和俸田主家人有4000多。莫斯科在不到20年的时间里，竟在诺夫哥罗德地区同瑞典国土相邻的一角经营起这样一座军职人员的大本营。东部及东北部各县的移民来得更早，密度也更高。1499年，谢苗·库尔斯基王公率领部队越过乌拉尔山，对侵袭罗斯领地的沃古尔人进行征讨。值得指出的是，派归这位王公指挥的有乌斯秋格县的1304名军役人员、维亚特卡县、瓦格县、皮涅格县的2000余名军役人员。南方边境的危险性最大，防卫也最为严密。16世纪初两次访问莫斯科国并对之进行深入研究的格贝尔施泰因男爵说，甚至在和平时期，奥卡河和顿河一带每年也有2万军人驻守，以防鞑靼人进攻。这支守备部队立有明确的动员制度，大部分是

南方边境各县的军役人员。16 世纪的册籍甚至可以使我们大致确定外省贵族的地理分布状况。在中央各县，尤其莫斯科县，很少有外省贵族，他们绝大部分是高品级的土地所有者，不是议政品级就是莫斯科品级，而且往往是大世袭领地主，享有大量俸田。外地贵族的俸田散置于高品级人物的大片田产之间，其数量在这些县里也相当大。往东和往南，离莫斯科县越远，高官显宦所属的俸田和世袭田庄就越少，外省俸田地主的数量也越多，俸田额也越小。由中央向南部、东部和西部边境，俸田和世袭田庄的规模都越来越小。试以科洛缅斯克县 1577 年服职人员的俸田册为例，在册俸田地主共 295 名，拥有耕地 80.4 万俄亩，森林、草场和贫瘠田亩不计在内。因此，每一俸田地主有地 285 俄亩。若以 1597 年里亚格县服职人员的名册为例（该县于 16 世纪末属东南部边境县），该县共有俸田 770 处，总额为 12.786 万俄亩，即每处俸田平均为 166 俄亩。而科洛缅斯克县的俸田平均为 285 俄亩，相差较大。在里亚格县及其相邻各县以及较南的各县，如叶皮凡县、叶夫列莫夫县、科兹洛夫县、列别季县、叶列茨克县、列文县、沃罗涅日县等。16 世纪末和 17 世纪初，有一批服职人员曾“移居垦荒”。这些地方很少有农民耕种，有些地方则根本没有农民，服职人员及其家奴是这里的第一批俄国移民。他们并不以个别俸田田庄的形式在这里落脚，而是大批人一齐行动，兴建设防的居民点，几乎所有的人家住的都是“独户庄”，即一家自成一庄，没有庄客佃户。

【按土地分配职务和按职务分配土地的后果】上述两项原则成为安置外省服职人员的基础，它们共同产生作用，造成对这一阶级一系列的重大后果：

【1. 地方原有服职世袭田庄主集团的解体】1. 在领主时期形成的古老服职世袭田庄主社会被破坏。原来在领主手下享受俸禄但占有很少土地的职役如今被分置到远离其父兄服职地点的各县，获得俸田。这种情况也出现在领主后代中：奥博连斯基王公家族成为诺夫哥罗德的俸田地主，雅罗斯拉夫王公家族中的一支——杜洛夫王公家族成为里亚格县的小俸田地主，而雅罗斯拉夫斯基王公同一后裔的扎谢金王公家族则成为卡希尔县的俸田地主。

【2. 首都贵族的双重性质和双重构成的起源】2. 16 世纪中叶，当世袭田庄主和俸田地主新的各县服职集团刚刚形成时，他们的上层人物又像在 15 世纪时那样，被召入京都服职。这些上层人物就是我在上一讲提到的由各县大贵族子弟中征召并在莫斯科附近分得俸田的那 1000 人。根据 1550 年的上谕，其中还包括“上户”，即产业比较丰足、较适于服军职的人家。这样的上户或出身于显贵之家，世袭田庄丰裕膏沃，如梅泽茨基王公，其世袭田庄有 2000 多俄亩良田；或出身寒微，但得到俸田后已发财致富的服职人员的后代，其中甚至还有伊凡三世时期出了奴籍、在诺夫哥罗德得到俸田的原大贵族家奴的后代。这 1000 名人员在莫斯科近郊得到俸田后，并没有失去他们原来在外县的世袭田产和俸田，但在进入首都贵族的行列后，就脱离他们原来所属的外县贵族社会。由此产生首都贵族的双重起源和服职性质。其中既有名门贵胄，也有服职和立功而得到超擢的人物。这些人还是最精锐部队的（“御林军”）最得力的统治工具。这样，莫斯科贵族就其从事活动的一个方面及其上层人物而言，同大贵族这一阶层相通；就

其活动的另一方面及其下层人员而言，又与外省贵族相通。

【3. 按土地服职标准的确立】3. 如果大贵族在国家取得地位靠出身门第，首都贵族取得地位靠的是门第和衙门职务，那么地方贵族唯一可以依靠的为军役。16 世纪中叶，法律运用两项原则，确定按土地服职的规章。在编年史中，在我们指出的 1556 年法令中，我们可以看到一条表述得很不完善的条文，原文没有保存下来，意思大致是："君主发现某些大臣和军人占有大量土地，但却无所事事，他们的职事与君主所赐俸禄（俸田）及其世袭田庄颇不相称，故命丈量其土地，调整俸田，使各人得其所应得，余则一体收回，分赐无产业者。今后将按世袭田产及俸田准确地分配职事：每百切契良田着出一人一骑，全副装备，远征时另备马 1 匹。凡按土地服职者，君主按出征人数赐予出征俸饷；凡占有田产，又不以服职还报者，向其征收钱税，以供军需。君主要求人尽其职，不得欺诈玩忽。"[①] 为了理解这一重要法律条文，这里先说明一下"切契"的含义。切契为耕地面积，指可以播种一"切契"重量裸麦的土地。当时耕作的一般情况是每播 2 切契种子，其土地面积相当于现今的 1 俄亩。这样，作为土地面积度量的切契，相当于半俄亩，由于播种 3 种作物，因此相当于 1 俄亩半。这样，按土地服职的标准就成为每 150 俄亩耕地出武装骑兵一名。因此拥有 300 俄亩土地的地主除本人参加出征外，就应该再带武装家奴一名，以此类推。从上面指出的两项原则的角度来看，这一标准可以有两种不同的运用。如果法律规定每 150 俄亩耕地应有 1

① 《尼科诺夫抄本编年史》，第 7 卷，第 261 页。

名武装骑兵出征，那么反过来每一名全副武装参加出征的骑兵也就应该拥有不少于150俄亩耕地的俸田。莫斯科政府出于这一服职标准，在外省贵族中分摊军役，把外省贵族分为三个品级：地方小贵族、廷差小贵族和选任贵族。

第十六讲

外地小贵族；这一称号的来源—16、17 世纪俸册中外地品级分配职务的状况—俸田所有制与世袭田庄所有制的关系—俸田额与实授俸田—外地品级与莫斯科品级、议政品级划分的区别—莫斯科国的军事布局对俄国社会各阶层地理分布的影响

【外地小贵族；这一称号的来源】小贵族这一称号在 17 世纪尚不为人理解；科托希欣对此也无法阐释。不过这一称谓的来源倒很容易说清楚。各领主公国都曾出现过许多大贵族门庭，即家庭成员具有大贵族称号的服职门庭。但大贵族这一称号往往只授予成年的服职官员，而且并非所有出身于这一门庭的人都能获得大贵族称号。未获得这一称号的大贵族家族成员在领主时期称为大贵族子弟，他们的地位高于普通自由职役或贵族。封建领地消失后，只有最显贵的领地大贵族才迁到莫斯科。大贵族家族中未获这一称号的成员仍留在当地，作为大贵族的替补人，被称为小贵族。但我们发现，根据 16 世纪大贵族族谱记载，在整整这一世纪中，多数大贵族家族中没有一人进入议政会。这就是说，领主时期的大部分大贵族家族已不再是真正的大贵族了。这些可称为编外大贵族的家族成员，在整整一个世纪里，一直顶小贵族的名分生，顶着小贵族的名

分死。于是，小贵族就成为外省服职人员的同义词。这些外省小贵族有的应召进京，在宫里当差。16 世纪中叶起，或许还早些，这些小贵族已获得廷差贵族或贵族的称号。这样，贵族原来指非大贵族出身的自由职役，其地位低于大贵族子弟，如今却成为在宫里当差的职衔，只有某些外省小贵族才能擢升为贵族。于是小贵族就成为外省贵族中品级最低的一种职衔。外省贵族中较高的品级称为廷差小贵族和选任贵族。其中有些人还能升为首都贵族，他们具有莫斯科贵族的职衔，被称为宫差贵族或正贵族。

【16、17 世纪俸册中外地品级分配职务的状况】现在让我们来观察服职人员是怎样分配军务，又怎样确定俸田额的。为了进行这两项分配，需要进行检阅或检查。对各县服职人员的检阅由各团督军在出征时进行，或者由专门任命的巡检官在和平时期到各县召集全县贵族进行。对服职人员进行检查，为他们分别规定俸饷，首先要对这些人选出的代表进行询问。这些代表就称作司俸。司俸可以视需要在 4 人、5 人甚至 10 余人中选一人担任，任职时要进行宣誓。这些人在县里的地位有点像各县的贵族代表。他们有义务向首都派来的巡检官汇报对方想了解的本县贵族的一切情况。巡检官根据司俸提供的情况为贵族分派工作，对无俸田的贵族规定俸田额，编造全县服职人员的名册，划分他们应属品级和等次，详细规定每人的俸额和职务种类。这样的名册称为俸册。我们看到过几本 16 世纪流传下来的俸册。17 世纪流传下来的俸册多到数以百计，但却一本也没有发表过。[①] 研究这些名册，我们可

① 这是 1886 年的情况。1890 年起，藏有俸册的法务部莫斯科档案馆发表了几篇论述俸册的研究著作。有些俸册曾以摘要的形式或全文在地方档案管理委员会的出版物中发表。——尤什科夫

以了解在服职人员中分配职务和俸额的手段。根据分配的两项基本原则，俸田额的确定要取决于服职的质量或战斗力；反之，服职的质量和战斗力又取决于事先确定的俸额。战斗力由4种方法进行核定：1.巡检官向司俸询问服职人员的情况：该人状况如何？如果回答说此人年轻力壮，或者“骁勇善战”，那么就给此人定上等俸；如果回说此人条件不好，即年老或衰弱，则给他定下等俸。我们常可见到司俸使用这样的语句：“某人年轻力壮，可支取某等。”2.巡检官询问：某服职人员头脑如何？如果司俸回答：此人头脑聪敏，或者头脑正常，这意味着该人家境不错，能很好管理田产，武装齐备，马匹骏良，家奴骁勇剽悍，总之出征所需一切均可安排得极为妥善，堪于出征中担当重任。3.巡检官问：服职人员门第如何？如果回答门第高贵，这意味着父辈担任过要职，当过选任贵族，因此可以向其子传授战斗经验和刀剑盔甲。4.巡检官问：服职人员任职情况如何？——即过去是否参加过征战，是否有战斗经验，或是新参加服职。巡检员根据这些情况，把有些服职人员定为低品级小贵族，规定他们只能担任“城防”职务或“近程”军务，即就近守卫国境；另一些人则被定为宫差小贵族，分配他们担负“远程”军务，即到远地出征，这种情况要求装备精良充足，大量开支；还有第三种服职人员，他们被定为选任贵族，这些人除参加远征外，还应召轮流到莫斯科执行各种宫廷差遣。有时，有些服职人员在被认为是身强力壮、门第高贵、富有经验时，他会向拟把他登记为高等品级的巡检官提出异议，他们说：“我无法应征，因为我的赤贫农和耕农贫苦不堪，我本人也贫。”于是请求把他登记为低等品级。我们可以举1577年的科洛缅斯克县俸册为例，其中对一名二等宫差小贵族的服职情况作了描述：俸田 350 切契，应备一骑、一盔、一甲、弓箭、一刀出征；并需带3名家奴（备马），全副铁盔铁甲、弓箭、马刀、长矛、3 匹备乘马匹；还有 2 名跟随，同辎重部队一起搬运一应粮草。

根据过去的职务和战斗力等级，对各级服职人员规定不同面积的俸田。不过，在不同的县，各级俸田额的标准并不一致。这一点取决于服职居民的分布密度。一般说来，莫斯科县的俸田额略低于里亚格县，因为莫斯科县服职人员的分布密度高于后者。每县的俸田额又按品级分为数等。但在田俸之外，还有钱俸作为补充。钱俸一般在出征前发放。这样，根据田俸和钱俸相结合的各种不同情况，每一品级又可分为数等。我们仍以前引的 1577 年科洛缅斯克县俸册为例。在这个县没有“选任贵族”，服职者全部定为宫差小贵族和地方小贵族。宫差小贵族的俸田额是 200—400 切契，即 300—600 俄亩；钱俸额是 8—14 卢布（合今天的 480—840 卢布）；根据俸额的多少，宫差小贵族又分为 14 个等次。地方小贵族的俸田额为 100—300 切契不等，钱俸为 6—14 卢布不等，分为 20 余个等次。

地方小贵族在军中有的充任骑兵，有的则充任步兵。作为骑兵，他们也只是参加近程征讨活动，就近保卫国境；作为步兵，他们不参加出征，而组成卫戍部队。宫差小贵族则一律担任骑兵，既参加近程征战，也根据家境担负远程征战。最后还有一等是选任贵族，这是外省贵族的最高等级，他们不仅可以承担低等品级的一切任务，还可以参加难得进行的条件特别艰苦的远征，如横越草原远征克里米亚半岛。参加这种远征的只能是选自各县的精兵，这些人物就构成为选任贵族。例如，1533 年沙皇派大贵族舍列梅捷夫率莫斯科县各城精选小贵族、斯摩棱斯克的精选上户、北方各城离战地最近的全部精兵征讨克里米亚各乌卢斯。

可见，规定俸田的依据是品级，而规定品级的依据是服职情况，即战斗力和军功。然而规定的俸田数额往往并不是服职人员实际得到的俸田数额。**【俸田所有制与世袭田庄所有制的关系】**我们应该把俸田额同实授俸田加以区别。俸田额是按品级规定的，但实授俸田却根据服职人员有无世袭田庄而加以调节。如某员没有世袭田庄，就把全部俸额如数发给他；如果该员拥有世袭田庄，则实授给他的只有部分俸额，而世袭田庄则作为他俸田的补充。**【俸田额与实授俸田】**关于实授俸田和俸田额的关系问题可以找到一些说明。试以 1622 年叶列茨县的俸册为例，其中除俸田额外，还标明实授俸田额。将两者加以计算后，我们发现廷差小贵族的平均俸田额为 240 切契（该县无选任贵族），地方小贵族为 93 切契，初俸小贵族（即刚开始服职原无俸田的小贵族）平均为 79 切契。该县入俸册者为 878 名服职人员，应有俸田 12.323 万切契。然而由于不少服职人员或多或少都拥有相当数量的世袭田庄，因而这些服职人员实际领得的俸田为 5.357 万切契。俸田额与实授俸田约为 2.3 比 1 之谱。由此可以得出俸田额和实授俸田之间关系的一个公式：按品级定俸，按产业授俸。俸田额与品级成正比，实授俸田额同产业数量成反比。品级越高，俸田额越高；田产越多，实授俸田数越少。

【外地品级与莫斯科品级、议政品级划分的区别】这就是外省贵族各职级间在服职和授俸田等方面所显示的差异。这种划分品

级的基础同议政贵族以及莫斯科贵族划分品级的基础有什么差异，那是一目了然的。外地品级与议政品级、莫斯科品级之间的关系，可以用这样一个公式来表示，即：议政贵族——看门第；莫斯科贵族——看门第和服职状况；地方贵族——只看服职状况。

【莫斯科国的军事布局对俄国各阶层地理分布的影响】现在我们还要解决一个问题：上述这种首都和地方贵族的结构对整个社会构成及其地理分布状况究竟产生什么作用？没有足够的资料可予以说明，15、16、17世纪究竟有多少土地作为俸田被分赐到个人手中，这种俸田所有制在哪一地区流行较广，在哪一地区又较少见。我们还无法为自己描绘出一幅俸田制随同军事体制达到高度发展时期整个社会构成的生动景象。研究这一制度时，我们只能感觉到，也许整个莫斯科国——只有少数地区例外——已相当稠密地布满了服职的世袭田庄主和俸田地主，他们有自己的武装，随时准备参加征战。莫斯科国的领土几乎已全部成为一座大兵营，朝着西、南、东三个方向摆开了战场。不过根据近期史料也可以有一种方法使我们看到，上述服职人员的军事制度对俄国社会的地理分布起了何种作用。我把这些史料给你们介绍一下，并指出它说明什么问题。我们的手头掌握有1782年第四次人口普查资料提供的农奴的详细名册。农奴人口在各省分布的密度并不一致，他们在各省农业人口中构成的百分比也不一致。如果以一定顺序按百分比把各省排列起来，那么粗粗一看，这种百分比的差异似乎没有多大意义。的确，第四次普查时期莫斯科省农奴人口之多高达全省人口的66%，而维亚特卡省仅占2%，或者佩尔姆省达到33%，又能说明什么问题呢？农奴人口各地密度不一，这是众

所周知的事实，也是可以理解的。但它的分布规律是什么？有哪些历史条件对这种分布产生作用？仅仅把这些数字草草看上一遍，对这一问题是无法找到答案的。然而让我们从莫斯科省开始，按距离莫斯科省远近这样一个顺序来把这些省加以分类，再把各省农奴人口所占的百分比标上之后，就会看到：

Ⅰ. 莫斯科省占 66%，弗拉基米尔省占 67%；

Ⅱ. 斯摩棱斯克省、卡卢加省、图拉省、梁赞省、下诺夫哥罗德省、科斯特罗马省、雅罗斯拉夫省、普斯科夫省占 69%—83%，特维尔省占 64%；

Ⅲ. 奥廖尔省、萨拉托夫省、坦波夫省、奔萨省、辛比尔斯克省、诺夫哥罗德省占 45%—68%，沃洛格达省占 34%；

Ⅳ. 库尔斯克省、沃罗涅日省、喀山省、彼尔姆省、乌菲姆省占 18%—47%。

在这个分类中，没有西南各省和西部各省，因为那时它们还不是莫斯科国的领土，那些地方的社会结构是在其他条件作用下完成的。这里列举的省份是莫斯科国当时的领土。这些数字有何意义呢？第一组里两个省份的农奴人口比例相当大。这是莫斯科国的心脏地带，国家的总司令部设在这里，其最高领袖的永久府邸也设于此。这里的农奴人口十分稠密，但有些地区却更为稠密。我们很容易发现第二组中的各省起着什么作用——它们形成一环，把中央两省包围起来。第二组省份中的百分比较第一组更为稠密。这是环绕司令部的第一道战线，是第一道防卫线，因此也是农奴人口最稠密的地带。为了巩固这条防线，花的气力也最大。这道防线一旦被突破，莫斯科国将无力防卫。如果鞑靼人突破这道防线，莫斯科就会被毁灭。我们再来看看第三组省份与第二组之间的关系。我们指出，它也是一个环，把第一个圈子围在其中。这里农奴人口的百分比较第二组省份为低，同中央两省的情况差不多。这是第二道战线。为巩固这条战线花费的气力较小，故而分配在这里的兵力也较少。还有一个情况应该注意，就是在围绕着莫斯科-弗拉基米尔中心的两道防卫圈上，各有一个省份农奴人口的比例较同圈上的其他省份低得多。第一个圈上的这个省是特维尔省，第二个圈上的省是沃洛格达省。两省都是北方省。因此，包围着中央地带的这两个防圈具有明显的薄弱地带，因为这一地方需要的防御较少。总之，由莫斯科向北，农奴人口的比例迅速下降：莫斯科省 66%、特维尔省 64%、诺夫哥罗德省 55%、奥洛涅茨省 6%，而阿尔汉格尔斯克省则几乎没有农奴。最后，还有第四组省份构成围在第二道防护圈外的第三道防护圈。这不是一道成形的防圈：大家可以看到，好多省份并没有连成一道连续不断的领土带。守卫这一道防护圈的兵力最少，它是由个别独立环节构成的前沿防线，这些环节面向东方、东南方和南方的异族人——克里米亚的鞑靼人、诺盖人、巴什基尔人等等。这些环节守御的是某些受威胁较少的边境地区。这就是为什么在这道支离破碎的防护圈上农奴人口比例降到很低的 18%的原因。

这样，包围着莫斯科-弗拉基米尔中心地区的这三个圈意味着什么呢？它们是三道防卫圈，农奴人口的密度随着与中心地区距离的加大而降低。可见它们反映动员军事力量保卫国家中心地区的三种不同努力程度。16、17 世纪，国家主要不是由要塞，而是由人力、由贵族俸田上的民间武装来保卫的。农奴人口的密度可以表明，贵族民间武装力量在哪些地区比较集中。一个县的战斗力不取决于贵族的人数，而决定于该县兵员的数量。有的县贵族并不多，但能够动员起来参加出征的人数可达数百乃至千余。库尔布斯基指出，奥多耶夫斯基王公家族及其他家族可以从他们的世袭田庄和俸田上拉出一支数千人的武装力量。所以，一个只有十来名这种大贵族地主的县就可以动员起一支庞大的军团，这种县要比有上千名势微力薄的贵族、每人出征只带 1 名家奴，甚至无人可带的县的战斗力强得多。但动员起来参加军事行动的人数又取决于耕地的数量：每 150 俄亩出骑兵一人。而耕地的数量又取决于耕农的数量。因此，农奴人口越稠密的地区，能集中的兵力也就越大。所以可以把农奴人口的密度看作测定保卫莫斯科国某一地区的军事力量的尺度，1782 年的普查报告虽完成较晚，但确实可靠，它说明莫斯科国在 16、17 世纪是如何组织防御的，即社会是如何以这一防御为目的来完成地理上的分布。上述四组省份农奴人口分布的情况说明，国家的中央地区有着相当强大的防卫力量，那里设有司令部，它领导国家的防务。但总司令部外围的第一道环形防线上守卫力量更强。只有在这道防线的北部——特维尔省，防御力量较弱（64%）。第三道防线是把第一道防卫圈包围在内的另一道防卫圈，其战斗力较弱。最后还有第四道防线，它并不构成一道连续不断的防卫圈，而只是包围第二道防卫圈的许多彼此不相连的环节。18 世纪俄罗斯帝国以同心圆的形式把农奴人口分布于莫斯科四周，这种安排显然完全是 16、17 世纪莫斯科当局布置军事力量的结果，是俸田制度把有战斗力的地主分别安置到各地的结果。当局按战略思想、按莫斯科军务衙门和总司令部的要求，把社会各阶层分布成三层防卫圈。这些防卫圈面向莫斯科的南方、西南方和东南方，防卫圈离莫斯科越远，防卫圈上的人数就越少，最后是最外面的一圈，断断续续为互不相连的几个环节。甚至到后来，在 18 世纪的普查资料中，我们还发现相当明显的痕迹，可以说明莫斯科国时期形成的这一军事制度对俄国社会的阶层–地理位置产生了什么影响。

第十七讲

位于外地小贵族和纳税民之间的应募服职人员的地位—安置服职人员与纳税民措施的相似之处—官府的委托和实现委托的责任—实现责任的主要保证：信任、委托和连环保—宣誓就任地方民政职务的基本原则；首都高级商人品级划分的基础

【位于外地小贵族和纳税民之间的应募服职人员的地位】现在我们来研究莫斯科国大量纳税居民的结构问题。不过，按照我前面讲的等级表顺序，我先简要地谈一下应募服职人员的状况。这一阶级是世袭服职人员与纳税民间起联结作用的一个环节。起初这些人在两个方面与世袭服职人员有所不同：第一，应募服职人员的服职有时间限制，担任职务的只是他本人，同世袭服职人员世代相袭的情况不同。射击兵、哥萨克、炮兵都是从社会各阶级召募而来，其中有赤贫的外省小贵族，有纳税民和自由民，他们在各城镇组成卫戍部队、警察部队，多半定居在边境地带，起着边防军的作用。第二，应募服职人员得到的俸禄不是那种归个人占有的实授俸田，而是钱俸，或是一种将俸田制与农民土地占有制特点熔于一炉的特殊的土地占有制：国家土地拨归这些边境军事移民的整个社团所有，这像拨归农民一样；但划拨的条件又与

俸田制相仿，除可以终身使用外，还负有在军伍中服役的义务。两种土地所有权的融为一体，产生了后来的自耕地主阶级，他们一方面要交纳类似农民那样的人头税，另一方面又类似贵族享有蓄奴的权利。然而随着时间的推移，上述两方面的差异逐渐消失：相当一部分应募人员把他们的服职义务传给子孙，于是他们的后人就具有世袭服职人员的性质。我在前面多次提到17世纪中叶的莫斯科书吏科托希欣，他指出，他那个时代的射击兵有“终身为射击兵者，其子孙后人也有终身为射击兵者”。然而16世纪初，当步兵中刚出现射击兵时，这类兵种却是从自由民中召募的，仅为临时性的服役。此外，很多哥萨克和其他行伍人员也因军功而获得作为俸禄归他终身使用的实授俸田，他们由于得到这些俸田，就被列为低级外地贵族。这样，应募服职就成为外地贵族与非服职阶级之间进行力量交换的一个渠道。一方面，外地贵族中被排挤的成员进入了应募服职人员的圈子，另一方面，非服职人员中崛起的优秀军人通过应募人员的各种品级又渗入贵族中。

【安置服职人员与纳税民措施的相似之处】莫斯科当局安置纳税民采取的措施，与安置服职品级的原则极为近似。因此纳税民的组织与服职人员的品级划分有很多相似的特征。纳税民承担着两项主要义务：完成地方性的官差事务和向国家缴纳赋税。这两项义务也同服职人员的军务和衙门的政务一样，被分成许多细小的成分，分配于纳税民各等级之间。在服职人员的各品级中，衙门事务分配于出身名门望族的世袭服职人员间，产生了服职人员等级中的高级品级；同样，官府事务的负担在家资巨富的纳税民间进行分配，也产生了纳税民中的高级品级。因此可以说，服职人员出身门第的作用相当于纳税民中经济状况的作用。

【官府的委托和实现委托的责任】地方官府事务的内容是：纳税民集团本身有义务推选出官府事务的代理人，执行官府的各种委托，这方面不再设立专门的执行机构。官府事务的内容虽十分庞杂，但可以归纳为三类：1. 征敛赋税，即征收直接税和间接税；2. 监督官差徭役的执行，如驿差、修筑城堡的徭役、其他官差如捕鱼、割草等；3. 为官府代营工商等业，如代销官府专营的酒类、为官府采销食盐、17 世纪时还为官府开采矿产、为官府代销猎户作为税赋上交的贵重毛皮、为官府收购粮食等。大家看到，官府的所有这些委托，要么是地方性的工役差遣，要么是官办工商等业的经营。按照这两种性质，它们或被称为君主的事务，或被称为地方的事务。中央和地方的行政机构——各衙门、16 世纪的各地方行政长官、17 世纪的军政长官——对这些官办事务只有最高监督权和最高领导权，然而经营的直接责任、大量繁重的实际工作，都落到代理人的身上，他们负有把大家组成纳税民社团的义务。这种地方官府事务与衙门政务有一个根本的不同：衙门管理要求被管理者服从，因此它取得成功的首要条件是管理者的个人威望；反之，官府事务的目的在于为国库牟取更大的利益，因而取得成功的首要条件应该是代理人要有严格的财产上的责任。**【实现责任的主要保证】**由于这种服务是无报偿的，官府就要求对地方代理人的职责提供两方面的保证——道义上的和物质上的。**【信任】**道义上的保证就是信任，是宣誓仪式，地方代理人凭这一点来承担义务，精细而诚实地履行官府委托的义务；代理人及其助手经宣誓后，便承担征收间接税、代理官办工商各业的任务，因

此这些人也被称为信用首办和宣誓帮办。信用首办是主要代理人，宣誓帮办为其助手。**【委托】**对这一职责的物质保证就是把国家财产委托给地方代理人处理，因为这样的代理人都是有经验、有资产的商人或实业家，他们自己的事业进行得很好，证实他们具有商业上的经验，而他们的产业也可以弥补作为代理人可能给国库造成的损失。因此，政府要求纳税民社团选举“人品善良、生活富裕、足堪委以征收君主赋税之任的殷实人家”来担任官府事务。社团若不能选出这样的可靠人物，官府财产遭受物质损失的责任就要由选举人来承担。**【连环保】**这样，选举人便有义务为他们所选的人承担连环保。以上就是关于官府委托事务上的宣誓效劳或吻十字架效劳的基本规定，可以用公式表达如下：地方宣誓效劳要根据对个人的委托或根据行会的保证来委派。你们必须把对个人委托和行会保证两者加以区别。官府正是力图利用这样两条来保证行会有效而可靠地为之服务的。

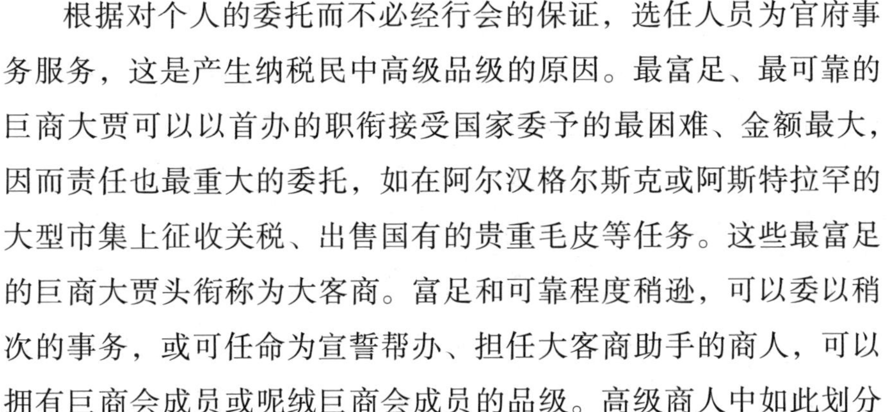

根据对个人的委托而不必经行会的保证，选任人员为官府事务服务，这是产生纳税民中高级品级的原因。最富足、最可靠的巨商大贾可以以首办的职衔接受国家委予的最困难、金额最大，因而责任也最重大的委托，如在阿尔汉格尔斯克或阿斯特拉罕的大型市集上征收关税、出售国有的贵重毛皮等任务。这些最富足的巨商大贾头衔称为大客商。富足和可靠程度稍逊，可以委以稍次的事务，或可任命为宣誓帮办、担任大客商助手的商人，可以拥有巨商会成员或呢绒巨商会成员的品级。高级商人中如此划分品级的痕迹早在领主时期末期的莫斯科即已相当显著。14 世纪时，我们在莫斯科商人中除看到大客商外，还可以看到呢绒商这一名称，这也是高级商人之一。比较重要的委托，要以官府方面的信任为条件，而官府信任的程度，又是以受委托的代理人所具有的流通资本来衡量的。科托希欣曾谈到他那个时代大客商的一些情况，从中我们可以对流通资金的规模做一判断。这些商人每年的购销总额，以当时的莫斯科卢布计算，从 2 万—10 万不等。17 世纪中叶的卢布价值，相当于现今的 17 倍有余，因此这一营业额以今天的钱来计算，就达到 34 万—170 万卢布不等。不过大客商和巨商会的成员，如要取得品级，不是靠他们的年营业额，而是为官府完成委托服务的情况，靠是否能顺利完成这些委托。一个商人的营业额无论有多大，如果他没有为国家进行过任何效劳，就不能获得大客商的品级。科托希欣在谈到这些大客商的情况时说："他们受赐获得大客商的称号，也为沙皇效劳，担任信任首办或宣誓帮办、为皇家经营毛皮、征收关税或在烧锅酒店卖酒。"

大客商和巨商会、呢绒巨商会成员在交纳财税上，也同首都服职人员（侍臣、侍从、莫斯科贵族和随侍）在军政职务上划分品级一样，具有等级上的差别。这两类人员都登记为首都居民，无论他们在什么地方拥有田庄产业或店铺作坊，他们都必须在莫斯科拥有自己的永久居住处所。莫斯科贵族从首都分赴各地"完成各种差遣"，如治理市镇、指挥军伍、担任军政长官和行政首脑、领导外省贵族等；莫斯科的大客商和巨商会成员也一样，他们奉派从首都分赴各省城担任首办和帮办，管理官府的各种事务。总之，莫斯科高级品级的商人是政府管理外地工商从业人员的得力工具，对后者来说这些人就是他们的全权领导人。例如，莫斯科大客商可以被派遣到各地城市去向地方城关居民摊派税额；有时他们还受命委任地方商人担任地方酒类专卖首办或税务首办——这是官府对他们的信任超过外省城关居民社团的标志。我们不妨把这些人称为莫斯科君主的财政参谋总部。还有一点：这些品级的结构本身也同首都服职人员的状况颇为相似。大客商和巨商会的成员数量从来不大。沙皇费奥多尔·伊凡诺维奇在位期间，大客商和巨商会成员总共 350 人，呢绒巨商会成员 250 人。在混乱时期及其后的百业凋敝时期，首都高级商人的队伍大为减少。1649 年，大客商仅剩 13 人、巨商会成员为 158 人，而殷实可靠、足堪委以重任者数量锐减，以致这些人不得不每隔一年就负担一次官府事务上的委托；呢绒巨商会成员只有 116 人，其中尚堪承办官差的仅 42 人，由于每年承办官差需 18 人，所以有些人只好过一年就承办一次官差，因为任官差的期限为一年。这样就出现经常补充高品级纳税民的需要。莫斯科高级商人这个圈子同莫斯科大贵族下层这个圈子的情况相仿佛，后者不断在外省贵族中发迹起来的新贵中得到补充，而首都平民里、宫差坊甚至教会坊以及外地城关商人中的殷实干练的工商从业人员也不断流入人数大为减少的莫斯科高级商人的圈子。“着各城镇坊里以殷实干练人员补充大客商、巨商会及呢绒巨商会之额。”这是 17 世纪说的话。1649 年有一份文件详细记载了该世纪上半叶补充高级商人的名册。你们或许会发现这份名册，这是值得一看的。我把它简述如下：根据这份名册，1621 年由莫斯科平民里、宫差坊中补充巨商会的人数为 12 名，补充呢绒巨商会的 50 名；1625 年由外地城市补入巨商会的 34 人；1630 年由其他各城市补入巨商会的 34 人，由各城市补入呢绒巨商会的 19 人；1635 年由总主教及寺院巨富农民中

补入巨商会的 44 人，由同一阶级补入呢绒巨商会的 11 人；1642 年由宫差坊补入巨商会的 12 人，补入呢绒巨商会的 9 人；1644 年由富足的卡达沙村（即专为宫廷购办餐巾桌布的村）补入巨商会的 24 人；1646 年由各坊补入巨商会的 36 人；1647 年莫斯科各平民里、宫差坊补入巨商会的 104 人，补入呢绒巨商会的 81 人。这份名册说明不断补充高级服职商人的需要有多么强烈。这简直像是在召募新兵一样把商人们召募起来，让他们担负最繁重、责任重大的官府事务。从低级商人中召募人员来担负高级工商业事务，这并不需要征求他们本人的意见，唯一要考虑的是他们的资产状况和本人的可靠程度，即考虑他们是否能以自己的阅历经验为官府带来利益，或者至少考虑他们是否殷实可靠，有没有可能在遭受损失的情况下向国库支付赔偿。

【宣誓就任地方民政职务的基本原则；首都高级商人品级划分的基础】综上所述，首都高级商人品级划分的基础是以个人委托方式宣誓担任官府事务。对外省纳税民划分品级的根据则是他所承担的另一项国家义务——国家征收的人头税。

第十八讲

外省百姓分配税收负担的原则和划分等级的基础—16世纪下半叶莫斯科国的社会结构—社会低级结构层次的进一步分化—国家义务的强制性原则在公民权利上的反映—呈报奴和契约奴的起源—由契约奴分化出来的活约隶属关系的几种形式

【外省百姓分配税收负担的原则和划分等级的基础】地方纳税民等级的划分起源于这些人所负担的另一种国家义务——向国家缴纳赋税，所谓赋税，是指莫斯科国非服职人员应向官府交纳的直接税和实物税。在莫斯科国法律中，这一基础是最难形成的，其原因在于莫斯科国城镇的性质。南基辅罗斯的城市是工商业的中心，这一性质是由活跃的外部贸易决定的。在以莫斯科为中心的罗斯北部，农耕人口占绝对优势，城市的意义主要在于它们是防御的中心。在城郊地区，大量集中的也是这类农耕人口，他们分散居住在各乡村。城关人口与乡村人口之间没有显著的经济差异，因而也难于确定这两种人口在政治上，即阶层上的差异。不过，这种差异正在逐步形成，并在莫斯科关税政策的影响下变得越来越明显。国民经济的内部活动都得向国家缴纳税金，因此设置国内税卡。为了使所有国民经济活动不致漏交赋税，政府致力于把这些活动集中于一定的集散中心进行，而在其他不设税务监察人员的地方则禁止开展贸易活动。这样，工商百业渐渐集中到政府设立的集散中心，起这种作用的地方主要是城市。这种状况自然使四乡农业人口在经济上与城市人口开始脱离。不久，在经济差异的基础上又出现政治差异。这便是城乡居民缴纳直接税制度的差异。对农村居民来说，直接税的对象是农民的耕作劳动；而对城市居民来说，直接税的对象则是在流通领域中的工商资本。用古罗斯的财政术语来说，这种差异就是“按耕田定税”和“按产业纳税”。随着时间的推移，按产业纳税的办法自然使工商人口与农耕人口截然分离，由于工商人口主要集中于城关，农耕人口主要集中于乡村，这种按业定税的办法又成为划分城乡的政治界线。征收直接税时的连环保制以及税额的社会分配把这种差异进一步固定下来。显然，确保妥善征收城市赋税的责任比征收直接耕地税的责任重得多：征收土地税要容易些，因为按土地摊派赋税是比较简单的工作，而征收工商税则难于掌握，变化也很大。从事耕作的农民参加工商从业人员的连环保所以不适合，原因就在于此。甚至居住在城关的农民也想方设法同城镇居民分开，单独组织自己的社团。这样，在摊派国家赋税的问题上，就产生了一个基本原则：按业纳税或按地纳税。两者的差异在索洛韦茨修道院主持菲利普于1564年向修道院的佃户公布的约规中表现得特别清楚。菲利普把临时税与固定直接税作了明确划分。前者为军需税，无例外地由农村居民的所有阶级共同负担；后者则按耕地摊派。临时军务税既分摊于城市居民，也分摊于农村居民，按财产和行业分摊。但土地税，按这位主持的意见，却是按税亩即应纳税的田亩交纳，而不是按财产和行业交纳。由于已出现这种城乡的划分，国家税收利益要求承担城市赋税的纳税民在城市居住；同时也要求拥有一定税亩的纳税农民不得随意放弃耕地，不得转为对国家减少税收的其他产业。因此，反过来又从上述赋税摊派原则产生另一原则，它要求各级纳税民固定于所承担的纳税义务。这一原则可以表述为：既然按行业或按耕地纳税，那么另一方面对行业和耕地也要规定其纳税地点。我们发现这种把纳税民固定于被选定的纳税方式，在16世纪就已实行。到17世纪，它已成为安置纳税民的主要依据。在沙皇伊凡的法典中，我们可以看到这样的条文，它禁止城市纳税民移居于寺院土地上，命令他们不得离开城关地界："若有城市居民移居寺院土地者，必须迁回城市原地，并依法治罪。"按上述原则分配税额的办法，就成为把城关居民划分为上户、中户、下户以及把乡村纳税农民划分为耕农和赤贫农的依据。这种把城市居民划分为几个等级的办法同把外省商人分为几个等级的办法颇为相似，同样，耕农同赤贫农的称谓也是对从事农耕居民财产差异的反映。16世纪中叶，莫斯科国城乡纳税民划分品级的状况就是如此。这种划分的基础是由我们谈到的分配宣誓公务和税额的两项原则引申而来的：如果宣誓公务按对个人的委托进行分配，而纳税额按行业和田亩进行分配，那么品级也应该按职务和纳税额来确定，即莫斯科商人中的高级品级按服职情况来划定，而外省城关和乡村居民的低级品级按纳税额来划分。这种品级划分的双重标准，我们在对莫斯科和外地服职人员的安置中已经看到了。

如果我们对这种划分品级的办法有较透彻的了解，那么对当

初莫斯科当局试图建立的社会结构的设想也就可以理解了。只要回忆一下服职人员和纳税民的组织状况，我们就很易发现这两类人员组织结构的基础及其相互关系。16 世纪中期的服职人员都是些什么人？他们又是如何组织起来的呢？这是分布于全国领土上的大兵营，其总司令部位于莫斯科，这一司令部领导着全国的防卫斗争。我们在这里描述的纳税民的组织又起着什么作用呢？这是由莫斯科高级商人领导的军需机构。全体纳税民构成最高军需领导人汲取必要物资以供养大兵营及其莫斯科总司令部的广大来源。**【16 世纪下半叶莫斯科国的社会结构】**把服职人员和纳税民这两个社会集团进行对比，我们也就可以获得 16 世纪下半叶沙皇伊凡进行地方行政改革后的莫斯科国社会结构的明晰概念。我们可以看到在这一社会的最上层耸立着两座并列的、并不相等的、高度不一的山峰，它们的下面又极细微地划分为许多细小部分。其中一座山峰由最高级的服职居民构成，另一座山峰则由最高级的纳税民构成。两座由许多细微的组成部分构成的山峰矗立在同一个基础上，这基础就是由城乡人民组成的广大纳税民，他们有的按行业纳税，有的则按田亩纳税。这一大群人很少分化：在 16 世纪下半叶，城关居民的等级差别还不甚显著；而乡村居民中最低层的纳税等级——赤贫农到 16 世纪末所占的比重还是微乎其微。

【社会低级结构层次的进一步分化】然而社会并没有停止于这种社会划分：16 世纪中叶后，出现进一步划分的趋势。引起这种划分的原因是人民之间关系的复杂化，它导致此前分化得较弱的下层居民进一步分化。分化的起因是规定国家专门赋税义务的政治原则。我们看到，在运用于外部防御时，这一原则引起服职人员划分为许多细小的等级；在民事关系范畴，这一原则运用于内部事务引起下层纳税民中更细的分化。不久，在国家法中确立了一项原则，把领主时代按契约规定的一切阶层的义务变成为带强制性的世袭义务。这一原则对个人契约产生的义务也产生了强烈作用。它还带来了新的情况，就是由民事契约产生的个人义务不再因契约期满而停止生效。粗看起来，你们对这种变化会觉得难以理解：在当代法律中这样的原则是不存在的，甚至被严格禁止的。我们在承担个人义务时，总要提出有效期满时废除这种义务的权利，只要对受损失一方有所补偿就可以了。每一个自由人只要对所受损失给予补偿，就有权随时废止任何民事义务。在领主时期的法律中，这也是一项起决定作用的原则。但在莫斯科国，在国家赋税义务的作用下，在个人关系上确立起一项原则，这就是具有一定期限的民事义务，即使通过补偿——对因随意废约而蒙受损失的一方进行补偿，也不能按承担义务一方的意愿而加以废止。后来，这种个人性质的民事义务逐渐发展为人身隶属义务。

【国家义务的强制性原则在公民权利上的反映】民事法中的这种变化在家奴的法律地位上也得到了反映。16 世纪前，正如我们看到的，在我国法律中只列有一种家奴制，就是完全的家奴制。但同时，还列有人身依附关系，这种情况并不是奴隶关系，而是以典身抵押债务。典身是由借贷而产生的人身依附关系，其义务为在规定时间内以服务抵偿利息，而典身的奴仆只要偿还债务就有权随时中止服务。这种有条件的服务和终止典身的权利，与奴隶不同：后者是人身隶属关系，没有主人的应允，奴隶在任何情况下都无权按个人意愿中止这种关系。这样，因债务典身不是人身隶属关系，不是奴隶的一种形式。16 世纪前，典身不具有任何卖身为奴的特征。但从 15 世纪末起，我国民法中已确立起一种思想，即个人因负债而有条件地服务，则使自己沦为家奴。后来，这样的奴仆又在一定时期内乃至永远丧失中止自身依附关系的权利或机会。不过这种服务关系仅限于仆役个人对其主人，而且只对主人具有依属关系，并不涉及仆役死后其子女对主人的依属关系，或主人死后仆役对其子女的依属关系。这种思想产生了两个后果，它们造成家奴的两种新形式：

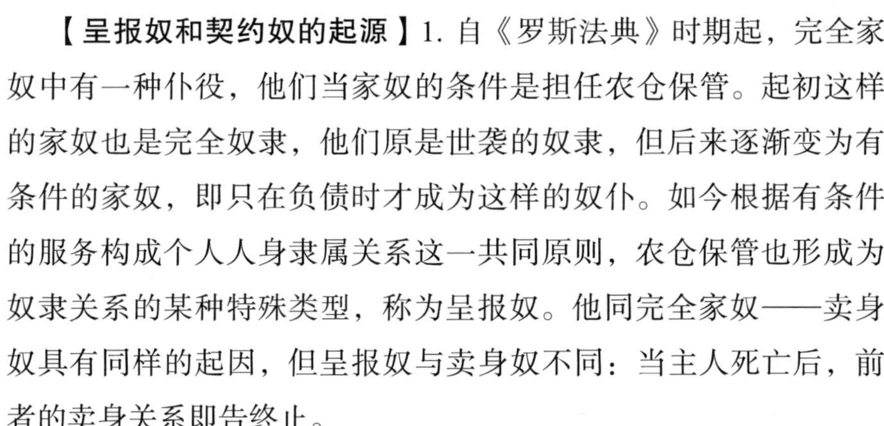

【呈报奴和契约奴的起源】1. 自《罗斯法典》时期起，完全家奴中有一种仆役，他们当家奴的条件是担任农仓保管。起初这样的家奴也是完全奴隶，他们原是世袭的奴隶，但后来逐渐变为有条件的家奴，即只在负债时才成为这样的奴仆。如今根据有条件的服务构成个人人身隶属关系这一共同原则，农仓保管也形成为奴隶关系的某种特殊类型，称为呈报奴。他同完全家奴——卖身奴具有同样的起因，但呈报奴与卖身奴不同：当主人死亡后，前者的卖身关系即告终止。

2. 在上述思想影响下，16 世纪初起，典身奴也逐渐变为完全家奴，名为契约奴，即因债务契约规定必须以劳抵息而形成的奴隶。起初典身奴在不得废止个人人身义务的共同原则影响下，借一年债就有义务给债主服一年劳役，不得中途废止这种劳役关系，后来，由于 16 世纪莫斯科国经济状况的恶化，绝大部分此类一年为期的债户，期满后仍无力偿还债务而获得自由。在这种情况下，债主开始把古罗斯典身法中过期不赎身即为卖身的基本原则运用到他们身上。典身奴一年后倘不能赎身，即被认为是卖身为完全家奴。债主的这种要求曾引起各种各样的困难和混乱。有些典身奴未偿还债务即逃离债主；还有一些人由于毫无还债的指望，自愿沦为完全家奴；有些人则请求允许他们交纳现金抵偿欠债，提前中止劳役。为了制止这些混乱，1597 年 4 月 25 日颁布法令，规定凡因劳役契约引起纠纷，按约应服役的人在未偿清债务前未经债主允许即逃离债主者，应把这些人同呈报奴一样立即追回，继续为债主服役，直至主人死亡，甚至契约奴本人要求归还债款，主人也不得收受。同样，同契约奴同时服役抵债的子女，以及在抵债期间出生的子女，也应同呈报奴一样，为其父的主人执役，直至主人死亡；但主人死后，即不再为主人之妻及子女执役，也不必以劳役或金钱为父亲偿还欠债。1597 年的这道法令，终于使契约奴制度获得明确的法律规定。可见，契约奴与卖身奴相比，是一种不完全的奴隶制，它是有条件的和有时间限制的。奴隶被剥夺在未得主人允许的情况下偿还债务、中止自己处于不自由地位的权利，而主人也被剥夺未经奴隶同意即向奴隶索债的权利。主人死后奴隶的债务旋即宣告了结。这样，典身的自由人偿还债务的义务以及为付息而承担的劳役就成为依法为偿还债务而承担劳役直至主人死亡的义务。即负债自由人有条件的服役同奴隶无权中止卖身为奴两者结合起来，典身奴变成为契约奴。

到 17 世纪，契约奴制又起了一些变化：沦为奴隶的原因已不再是债务本身以及抵息的劳役，而仅在一纸愿于主人生前为家奴的文契。债务仅具有形式上的意义。奴隶在文契上写，某人借得一笔钱款，为此愿在主人有生之年为他服役，但实际上并没有得到这笔钱款，只是同主人达成为之服役直至主人身亡的协议。为此，《法律大全》规定在所有服役抵债的情况下，债额均标定为3卢布，不多也不少，从而使以役抵债的债款更失去了实际意义。后来，契约奴已失去以役抵债的义务。为了承担此类义务，已制定出新的人身依属方式，称为活契或活约，用以巩固人身依属关系的新形式——活约奴隶制。这种奴役制同契约奴役制的主要不同点在于条件：以役抵债的主奴关系到主人身亡即告废止，按律不得提前中止，也不得持续延长。活约奴隶制起源于借债，债户有义务在债主生前为抵偿债息服役数年或服务至债主死亡，本金不变，或用劳役部分抵偿本金，或在限期内有义务以一定期限的劳役偿还本息。17世纪确定的活约奴隶制的各种依属关系具有各色各样的名目，这也说明这些条件是各不相同的。**【由契约奴分化出来的活约隶属关系的几种形式】**主要有：1. 抵债依属关系：即债户承担义务为债主劳动“抵债”，直至债主身亡，或劳动若干年，以抵偿欠债；2. 以劳抵赈的活约关系：这类关系同以劳抵债不同，因为产生这种依属关系的原因不是钱款，而是赈物——衣服、牲畜、粮食；3. 存工待酬的依属形式：这种形式同借债不同，执役者不是事先得到报酬，而是在付出一定时期劳动即“存工数年后领取报酬”；4. 典押依属形式：自由人不是把自身作为抵押，而是在一定时期内把子女、晚辈或妻子作为抵押。

这样，古罗斯原来那种单一的、完全的家奴制变得复杂起来，15世纪末起变成为呈报奴制、契约奴制、活约奴制。到17世纪，采用这些新兴的奴役形式甚至已超过古代的完全奴役制形式：17世纪的法律禁止完全的、世代相传的奴役制，自由人只能在一个短时期内人身上依属于他人，或至债主身亡为止。晚期家奴制的这些新形式同各自由民阶层承担的国家徭役义务间的联系是显而易见的。这些新形式来自古代的典身制。这不是一种人身隶属关系，不是奴役制，因为它可以按典身者的意愿以偿付债务而告终止。在这方面为债户规定的人身依属关系有点像领地上自由民对领主的关系，都是由契约规定的，立约一方可以按自己的意愿中止这种关系。但后来在莫斯科国，这些由契约规定的义务已成为强制性的国家义务，债户的依属关系也具有强制性质：按契约沦为奴隶的人丧失了按意愿中止奴役状态的权利；作为自由民的服职人员或纳税民丧失了不为国家服务或不向国家纳税的权利。典身奴或后来成为契约奴、活约奴的这些人的劳动，主要由高级服职阶级和高级纳税民阶级使用，而后两者则承担绝大部分强制性的国家义务。把由抵押派生的义务转变为不能因被奴役者的意愿而在到期之前或主人死亡前中止的强制性劳役，对于这些阶级来说，这似乎等于把他们原来由契约规定对领主的义务转变为终身的，甚至世代为国家承担义务的一种补偿。

由契约家奴制原则发展为活约奴役制的各种形式，这种变化也触及占有土地的农民地位：他们根据自己的土地占有形式，创造出一种新形式的依属关系——农奴。这一形态的起源是我国社会历史上最重要的，也是最含混不清的问题之一。为了更好地阐明我国法律史上这一事实的起源，我请你们回想一下前两讲的内容。我曾讲到莫斯科国城关工商居民分化为各种品级的起源问题。这些居民的各种成分分担着两项义务，其分担的原则同服职居民分担义务的原则极其相似。城关居民分担义务的原则可以这样表示：宣誓公务要根据对个人的委托或根据行会的保证来分别承担，纳税义务要根据产业和田亩来分别承担。两者结合起来，又产生第三项原则，构成城关居民品级划分的基础，这就是：既然宣誓公务是根据对个人的委托以及行会的保证来分别承担，纳税义务是根据产业和田亩来分别承担，那么城关居民的品级就要按服职状况和纳税额分别确定，即首都高级商人的品级按服职状况划分，外地工商人员的品级按纳税状况划分。我们还看到，在首都和地方服职人员中分别确定衙门职务和军职的情况几乎同上述情况完全一致。到16世纪末，服职人员和城关居民的上述品级划分已全部完成。这时期莫斯科国总的社会状况是这样的：处于最下层的百姓境况到处都大同小异，没有什么分化；压在最上面的是人员构成状况分化得极为细小的两座山峰：服职人员和首都高级商人。但16世纪下半叶起，最下层的百姓也开始划分为许多品级和种类。这种分化是从最下层——奴隶——开始的。对于分化的原因我们已有所了解，即国家法已确立起一项原则：社会各阶级必需分担国家义务。这一强制性原则在民法中也得到了反映，其结果改变了相对人身依属义务的性质。民法同国家法中的情况一样，也确立起一项新原则：终身的或有限期的个人相对依属义务一经确定，在到期之前或死亡之前就不能中止。奴隶的这种不可废止的义务关系，是一项同服职人员及纳税民有义务终身服职、终身纳税的规定并行不悖的规定，而且是在强制服役、强制纳税的直接作用下确立的。这种在主人死前或在一定时期内人身依属义务不可变更的思想，只要这些术语仍在使用，就不可能不起作用。这种思想成为17世纪初法律上最终形成的契约奴隶制的起因。整个17

世纪期间，契约奴隶制逐步发展为多种多样的活约奴役制。这样，原来经义务法规定，并且只要立约一方提出并对受损失一方予以补偿即可中止的临时义务关系现在业已消失，并转变为一种强制性的依属关系，如今受制约一方已无法按自己的意愿来中止这种关系。义务法中的这种变化，是对农奴强制人身所有权的隐蔽根源之所在，它继家奴制之后，使奴隶阶级的法律构成变得更为复杂了。

第十九讲

契约奴隶制对农业租契的作用—农奴依属关系的起源—从契约义务到农民按登记册确定依属关系的转化—农民的依属关系对农民结构成分的影响—纳税农奴层的形成—以个人依属关系取代官役是农奴承担义务的新形式—农奴的分化—不纳税农奴的起源

【契约奴隶制对农业租契的作用】亘古以来，居住在领主土地上的俄国农民在经营农业时，大部分都要从领主那里得到帮助。帮助有各种不同的形式：领主可以把现成的庄院及庄院建筑设施、耕畜、种子等租贷予农民。农民为此除因向地主租赁土地而承担普通的土地税外，还有承担附加的特殊徭役的义务。所有这些徭役，在农民就租赁田亩问题同地主议定契约时都要加以说明，这样的契约称作田租契或贷约。所有这些来自租贷的附加徭役称农役，或称劳役租。不过这些徭役都是农民因负债而承担的普通义务，它们并不使农民失去人身自由，这反映于他们有“出走”的权利，即由这块土地转到那块土地，或由这一地主投向另一地主的权利。向地主借贷并因之而依属于地主的农民，在任何时候都可以中止这种依属关系，只要向地主偿还债务即可。如果订立的契约有一定的期限，这也并不妨碍他提前废止同地主的关系，只要按协议规定补偿尚未偿还的部分欠债即可，16、17世纪时把这种补偿部分称为补偿农役。

约16世纪中叶前，农民与地主的关系就是如此。但从这时起，莫斯科国的私人世袭田庄制，尤其是俸田制，开始迅猛发展。在这种土地所有制发展的同时，对农村劳动力的需求大大增加。俸田地主分得大量尚无人居住的土地，竭力进行垦作，用一切手段召募农业劳动力。这样，大批贫苦无业流民便通过地主租贷制的帮助而成为农民。这种情况使农民向地主借贷的现象越来越普遍。在16世纪下半叶的租约中，租贷是农民立约的普遍条件。很难发现哪一农民没有地主的帮助就能在土地上安置下来。由于这种债务关系，农民享有的出走权利实际上已不起作用，成为无法使用的权利。很少有哪一农民能偿还地主的贷款，在地主土地上干得越久，欠的债就越多。由于这种原因，到16世纪末，出走权演变为两种形式，其一是给农民以自由，不过这种做法为法律所不容；其二是不但不给自由，反而使农民深陷于地主的债务中，具体来说就是：农民要么不顾一切地同地主断绝关系，从他那里逃走；要么以合法的方式离开地主，找到另一地主愿为其出钱偿还债务，而引渡到其田庄上。在前一种情况下，逃跑的农民若被地主找到，就要偿还债务并交纳罚金；在第二种情况下，农民把对甲的债务依附关系转为对乙的更深的债务依附关系。由于自由流动权利的实际消失，到16世纪末，在地主中已开始形成一种观点，即这些有债务依附关系的农民都是无力偿清债务的人，因此也就是无力废止对地主依附关系的债户。有个外国人叫希尔，他在描述鲍里斯·戈杜诺夫时期农民的状况时指出，早在莫斯科前几朝君

主当政时期，地主已习惯于把他们的农民看成为农奴了。这种观点在当时法律中虽没有直接的根据，但其原因却很易理解：这种观点的形成，显然是把古罗斯的债务法应用于农民对地主依附关系的结果。我们看到，债务已成为农奴依属关系的根源，债户不仅要为偿付债息而耕作或服奴役，而且丧失了偿付债款本金的权利，即丧失按意愿中止依附关系的权利。这一点直接反映于 1597 年 4 月的法令中，该法令禁止受理契约奴偿还债务的请求。这样，地主在法律正式允许之前就已开始把契约奴隶制原则运用于负债的农民。契约奴隶制的产生和发展在地主中滋长一种思想，就是农民为支付“资助”而交纳的劳役租也应同样建立起农民对地主的人身依附关系，就像为债息而迫使契约奴入门服劳役一样。实际上，农民因“资助”而承担为地主劳动的义务与契约奴因债息而入门承担劳役义务，并没有多大区别。在这种思想影响下，尽管不存在任何法律上的根据，大约从 17 世纪 20 年代后期起，农民契约中开始出现 16 世纪租契中看不到的一项新条件。过去，甚至短期租赁土地的农民有时也要声明一项义务，即不提前离开他租赁的土地。不过这种义务主要的不是法律条件，而是一种允诺。农民只要偿还了借贷，并按约对不足部分予以补偿，就可以在期满前退租离开。但到 17 世纪 20 年代下半期，出现了一些租约，其中农民保证甚至在做出这种补偿后也永不离开地主。我见到的注明这种条件的契约，最早的一份为 1628 年。在这份租约中，自由人在接受地主“资助”承租土地时，为自己规定一项义务，即“终身为主人耕作，永不离走”。1630 年的一份租约中，农民租用齐赫文修道院的土地，保证离走时向寺院偿付所得资助和受到的优惠，并附加一项条件："今后我等将永为齐赫文寺院之农民。"即他们离开时，他们不仅要偿付资助，为他们所使用的田产付出报酬，而且最终还回到他们租用的田产上来。这说明农民自动放弃出走的权利，而且把违约金变成为逃跑的罚金，它不再使他们有权出走，也不因此而终止租约。不久，这项义务在农民的租约中已成为共同的条件，它表现为各种形式。有时，农民在因逃跑而支付违约金的义务上还附加一项条件："今后本人将按本约永远依附田东，永不离走。"用以表示这种义务的最常见的刻板程式是："租耕永继"，意思是说农民可以逃走，但这将丝毫不改变他依附地主的身份。**【农奴依属关系的起源】**这样，在农民同地主的租约中就添加了一项条件：农民按约向地主租用田亩，并得到地主的资助，而其债务和耕作义务，须以建立在不中断这些义务基础上的依附关系固定下来。这一条件使农民的承租契约具有人身依属的性质。

17 世纪 40 年代前，没有发现立法当局对农民与地主间契约的干预：新的条件逐渐渗透进来，影响日趋广泛，但没有遭到政府任何形式的反对。不过很容易看出，人们对这些现象已十分重视，以致很快会引起法律对这些关系进行调整：既然农民对地主的债务关系已成为契约规定的人身奴役的基本条件，那么就可能出现一种危险，即负债的农民将会由纳税民变为契约奴，而契约奴却不承担向国家纳税的义务。17 世纪 40 年代初起，法律对农民与地主间的关系越来越关注，并予以干预。早在 16 世纪末，即 1597 年 11 月 24 日，法律已规定搜索逃亡农民的期限。这个期限起初定为 5 年，这完全是为了诉讼事务的方便：许多未偿清债务早已逃跑的农民案件已经历多年，但无尽无休的诉讼使司法机关穷于应付。如果关于逃跑而提出诉讼的时间过迟，会使法庭无法周密调查所审理案件。因此1597年的法律规定提出诉讼以5年为期。如果农民逃跑后6年或6年以上尚未提出诉讼，地主就丧失对他提出控告的权利。到17世纪，5年期限改成10年为期。外省地主、贵族和小贵族为这些期限而吃尽苦头，因为逃亡农民有了这个期限，就可以躲到远处某大地主田庄上去，只等限期一过，地主即无法追索欠债。**【从契约义务到农民按登记册确定依属关系的转化】**为了满足这些地主的一再请求，政府于1646年采取坚决的措施，把城乡纳税民全部编造成册。派往各地的编册人员接到周详的训令和工作细则。他们奉命把纳税民以及与其同居的非纳税民子女亲戚逐个登记造册，把他们的居住地点和所依附的地主、社团以登记之时为准使之固定下来；而逃亡农民则以当时规定的有效期限为基础，登记在出逃地点，条件是从逃亡之日起至登记之日止，时间不得超过10年，超过10年者，则按登记时所在地点登记。政府为了满足服职人员关于取消追索期限的请求，保证此后纳税民及其子女亲戚将按登记册固定下来，废除追索期限，即地主和村社有权无限期追索登记册上属于他们的逃亡者。

【农民的依属关系对农民结构成分的影响】1646年登记造册的法令使由租约固定的农民依附关系在性质上起了重大变化：1. 出现了固定依属关系的新手段，它不仅没有取消原先的租约，而且使这种关系更为巩固，这就是册籍上已有了记录。凡登记依属于某地主的农民，即使不订立租约，也将永远依属于地主。2. 依属于地主的农民不再有任何依属期限，也不只是个人人身依属，而是连同与其同居的子女甚至亲戚一道，统统依属于地主；凡被编册人员发现居住在农户家中的子女亲属，只要他们的父亲长辈或家长依属于地主，也都成为地主的农奴。这样，原来仅仅是个人终身的农奴依附关系，由于1646年法令，便成为永远的和世代相传的农奴依属关系了。农奴被剥夺了离走的权利后，这种依属关系就成为一种不可废止的关系。这种不得离走的特点在17世纪被称为农民的恒定身份。不过法律在承认地主有权使农民永远依属自己的同时，也向地主提出一定的限制条件。**【纳税农奴层的形成】**地主要代农奴向官府交纳赋税；此外，地主既然对农奴的子女和晚辈亲属拥有权力，那么只有在对这些人的经济状况有了安排，使他们有能力承担地主或官府的赋税徭役，即向他们提供土地和耕作手段时，才能享有这种权力。把法律用来限制地主对农奴的权力、对农奴人身权力的这些条件归纳起来，就是要求纳税农民在成为农奴之后不能中止其纳税民的身份，不能丧失交纳赋税的能力。正是由于这些条件，由负债依属关系发展而来的农奴制才没有成为家奴制。**【以个人依属关系取代官役是农奴承担义务的新形式】**农奴制与家奴制不同，其一在于农奴制只允许地主占有农民的部分劳动，另一部分劳动则必须以田亩税的形式交纳官府；其二是地主对农奴的权力受到地主对国家承担的相应义务的限制。

关于对农奴的权力的起源及其在法律上的变化，我的理解就是如此。它产生于新王朝统治之初，最初并没有受到法律的干预，而是通过私人契约的途径，通过义务带来权利的方式出现的；后来法律在调整这种依附关系时，为了国家的利益，又以国家的某些要求限制由契约形成的农民人身依属关系。不过，农奴依附关系的普及显然使农村居民的法律构成大大复杂起来。**【农奴的分化】**1. 如今在统一的农业纳税民中分化出一批地主的农奴，这是一个全新的、受人身依属关系限制的纳税阶层，原来的纳税农民并不具有人身依属关系，有人身依属关系的只是家奴，但他们并不纳税。这些人身依属的农民同国有农民或宫庄农民的区别在于前者没有摆脱自己身份的权利，因此他们不像国家农民或宫庄农民那样要服官役。农奴对地主的劳役作为一种国家义务的新形式，以代替原有的官役。**【不纳税农奴的起源】**2. 在农奴人口中出现了两类人员，一类是从事农耕的家长，他们以分种的田亩作为纳税的标准；还有一类是依附于农奴家长、受人身依属关系制约的人员——农奴的子女、农奴的晚辈亲属，这些人构成一个完全特殊的、受人身依属关系制约的非纳税民阶层。

农奴制结束了由 16 世纪末起的下层纳税民以及具有人身依属关系居民的分化。约 17 世纪中叶，农奴制的法律形式最终形成。然而就在这种形式刚刚产生法律效应时，莫斯科国的社会等级分化中开始出现重大的变化，使上述情况具有新的组织和新的形式。这一变化标志着俄国阶层史进入一个新的时期——第四阶段的到来。

第二十讲

俄国阶层史的第四阶段

阶层权利的概念—这一概念在15、16世纪的莫斯科国并不存在—第四阶段中的法律草创时期—17世纪莫斯科国阶层思想的两种起源：1. 阶层权利是迫使各阶层承担义务的手段—品级优惠成为按产业授予的阶层权利—按不同权利划分的三个阶层

在本门课程导论中，当我谈到俄国阶层史的划分阶段时曾说过：第四阶段的我国社会分化基础是各阶层按政治地位取得的权利之差。这就是说，第四阶段的特征是阶层权利。这是我国这一阶段的社会结构同此前在各社会阶层之间按经济状况分配国家义务的结构相互区别的标志。**【阶层权利的概念】**请各位回想一下我在本课导论中为阶层权利所下的定义，我说：这是某一社会等级整体依法长期享有的一切优惠。显然，只有一定阶级在法律上的特殊地位能给该阶级带来好处时，这样的地位才能称之为优惠，其中包括赋予该阶级以保证自己利益的手段，为它在国家中建立有利地位，并帮助它保持、巩固这一地位。

【这一概念在15、16世纪的莫斯科国并不存在】在15、16世纪莫斯科国家形成时期的国家法中，我们还没看到这种阶层优惠的

明显表现。法律虽对各阶级享有的经济利益有所记载，但这些利益并不为这些阶级本身服务，而是为国家的目标服务的，它们是保证各社会品级认真完成所承担的国家义务的手段，而不是保证这些品级实现私利的手段。有人以自己的努力取得利益，有人则从国家那里取得利益，如俸田。在这两种情况下，国家都要根据人们得到的利益委以相应的义务：那些以自己的努力或由国家取得土地的地主，担任衙门职务和军事职务；工商有产者承担财税上的公务，并交纳产业税；那些耕种国家或个人土地的农民则分担田亩税。

研究新时期所遇到的第一个问题是，在莫斯科国关于阶层权利的思想，即把法律优惠地位不再看作完成国家义务的手段，而看作为保护和实现阶级利益手段的思想，是何时产生、从哪里产生和以何种方式产生的。这一思想的来源相当复杂，颇值得注意，但不知为什么在我国历史-法律文献中未予重视。莫斯科法律开始相当明确地反映出这些优惠，并相应改变原有社会等级结构，这是1649年《法律大全》颁布以后的事。我国以阶层权利差异为基础的社会新结构日趋完善和巩固的状况，在1785年颁布的许多特权书状中表述得虽不能说是尽善尽美，但已达到相当明确的程度。**【第四阶段中的法律草创时期】**因此，我们可以把《法律大全》视为俄国阶层史第四阶段立法的上限，而把特权书状视为研究的下限。然而我们这里所说的阶层权利思想，其产生时间要早于《法律大全》的颁布，产生这一思想的条件早在16世纪即已相当明显。

【17世纪莫斯科国阶层权利思想的两种起源】在我国国家制度

中，阶层权利产生发展的道路有两条，它们都是等级划分的结果，但究其起因及所维护的利益却各不相同。有些权利是由法律本身造成的，其作用是维护和巩固社会阶级划分，使各阶级恪守品级义务；另一些权利是由与品级义务相联系的物质利益产生的，是各社会品级通过完成义务而取得国家地位和威望的标志和手段。乍看起来，阶层权利的这种起源的差别似乎并不显著，但在以后的阐述中就可看到两者之间的不同。

【1. 阶层权利是迫使各阶层承担义务的手段】1. 阶层权利这一使各阶层恪守国家义务的手段，经历着一条逐渐变化的道路，在实践过程中，义务本身也在起变化。我们看到，这些义务起初是按人们的经济状况进行分配的：谁拥有土地，谁就应该在军队服役；谁耕种田地，谁就应该缴纳田亩税。这些按财产、行业分配的义务根本不管拥有这些土地或从事某一行业的究竟是谁：一个在军队服职的地主，如果他的那部分土地不是交给纳税民——农民——去耕作，而交由家奴或自由雇用的农工来耕作，那么在16世纪这个地主除应到军队服役外，还应像纳税农民一样为这块土地缴纳田亩税。这样，地主由于拥有土地而须到军队去服役，由于从事耕作又要纳税。后来，通过这种义务分配，人们又分为不同的阶级。由于社会分化越来越成形，越来越明确，义务逐步转化为世袭的东西，并逐渐由按经济状况转变为按人分配，只是由按一定经济地位的人来履行，有时甚至根本不考虑履行者的经济地位。一名服职人员之子即使没有土地也要服职；反之，一名非服职人员即使成为地主（如一名因忠心耿耿服侍主人而分得土地的家奴——这种情况在16世纪并不少见），那么这样的地主也没有为

国家服军役的义务。如果说服职人员虽无土地也要服职，那么反过来服职地主就不应有缴纳田亩税的义务，尽管他的部分土地收入归他所有。册籍的情况表明，米哈伊尔·费奥多罗维奇沙皇临朝时，服职地主的庄园土地已免交田亩税，看来这就是原因所在了。这种变化也许就是把国家义务由按财产分配转变为按财产所有人分配的结果。由此确立起一项原则，即缴纳赋税者可免服军役，服军役者可免交赋税。当然，如果义务不按财产分配，而是按人分配，一旦义务失去物质基础即经济基础，那么也难以顺利地履行。因此早在16世纪，莫斯科法律中规定人的经济状况与义务相一致并使之保持这种状况的意向就越来越明显了。最明显的意向反映于俸田分配制度，它使成千上万无地军人变成为小土地占有者，而且甚至世袭田庄所有制也受到这种意向的影响。在这里为了保证服职人员家庭有能力服职，这种影响导致对世袭田庄所有制权利的限制。为了防止服职人员家道中落，为了制止服职地主的世袭田庄流入非服职人员或无服职能力的人员之手，对于向外家族出售世袭田庄或把田庄传给外姓的权利做了限制。1550年《法典》第85条及1557年的补充法规明确规定此类田庄流入外姓后回赎的手续。《法典》及1557年补充法规规定，凡世袭田庄主出售世袭田庄后，其后人无权赎回，只有其旁支亲属——兄弟姐妹或甥侄才有此权，但附有一项条件，这些人不充任出售田产的证人，即对出售田产不表示默许。族人在40年内保有赎回田庄的权利，而且赎回后无权再售给他人，只能把田庄出售或抵押给第一次出售田庄时未充任证人的同族人。有一种《法典》抄本还对这种向外姓出售田庄的权利做了更重要的限制：这里在《法典》上述条文中附有一条沙皇伊凡不知颁于何年的法令，规定无子女世袭田庄主经族人同意后方可立遗嘱将世袭田庄的一半出售、抵押或捐赠寺院。凡未经族人同意超过此规定售予外姓的产业，一经族人控告，一律无偿追还，购买者不得索要钱款。1562 年和 1572 年的法规对把世袭田庄出售或遗赠外姓的做法限制得更严格，使国库受益，其具体目的是为了保证服职，保证世袭田产不流入非服职人员之手。根据上述法规，大田庄主——领主和大贵族——不得向外姓出售、抵押、典当世袭田产，而且不允许把它们作为陪嫁。凡无子女者死后，这些田产可以遗赠旁支亲属，但只允许遗赠近亲，如兄弟、侄或侄孙，不得超过此限。此外，还禁止把田产遗赠孀妇、妻子、女儿，也不得在君主批准之前将田产遗赠寺院。凡世袭田庄主在按法律丧失任意支配田产的权利时，死后其田产即收归国有，变为俸田。所有这些限制在 1572 年的法律中都已做了说明："为了不给服职带来损失，为了不使土地由服职人员手中流散。"

上述种种立法措施，旨在间接地使服职人员家族保持按职务取得的地位，他们所以失去这些地位，往往是由于丧失田庄，丧失世袭产业的缘故。这些措施涉及的往往只是服职阶级的上层，都是王公贵族之家，即对国家服职最重要的一批最大的地主。不过在 17 世纪，我们也看到某些直接的立法措施，其目的在于阻止乃至禁止人们脱离服职地位或纳税地位。显然，要把每一品级都处于闭锁状态是难以做到的。各种品级的人员多数都处于经常不断的变动中：个人的功绩或个人经济上的成功常会导致品级状况的变化，使某人从一个品级转为另一个品级。一个贫苦的外省小贵族就其财产状况而言仅能担任外地城防军职，可是他渐渐发了财，有了马，有了全副武装，于是他就有可能承担较重的义务——参加远征，晋升为外省贵族，甚至为选任贵族。然而品级职位并不是一架不间断的阶梯，一个人很难从最底层一直爬到最高峰。在莫斯科的升官史上，还没有一个官员能像后来品级表那样，从最低级官品开始，靠个人才能或官运亨通跑完全部阶梯，最后爬到国家最高品级的职务。在16、17世纪莫斯科官场上，这样的例子根本不存在。莫斯科官职的阶梯可分为几大段，对一定出身的人来说，他升官的等级幅度只可能是职级梯阶上的某一段。每一种"门第"都有与之相适应的官阶。一个外省贵族，宦途之始只能是外地小贵族的品级，能爬到选任贵族品级，如能转为莫斯科品级已属凤毛麟角，要爬到比莫斯科贵族更高的品级那就难上加难。城关纳税民的情况也是如此，起初他们只能是"下户"，发财之后可能成为"上户"。这些人甚至能跻身于莫斯科高级商人之列，成为巨商会或呢绒巨商会成员，甚至成为大客商。但我们很难再找出继续向上顺利晋升的情况了。有些大客商由于为官府服役成绩卓著，曾被授予秘书官的官衔，得到俸田。在17世纪，甚至还可以查到两三人，他们经过秘书官的品级进入议政会，成为议政贵族。但没有一个商人能够升到大贵族的。这种情况说明，每一个社会阶层，都有各自的升官图，都有适合于他的一系列官阶品级。因此，官阶的门类比官阶品级更难突破。每一门类的官阶品级不相同，但其承担的义务是一致的。与之相适应的是得到这些品级的人不相同，但应具有相同的经济状况。这样，许多细小的品级就自然而然地合并为集团，一些比较大的阶级界线也逐渐明确起来，法律便把它们分为阶层，后来又用不同的权利使它们互相区别。1550 年《法典》中的一条规定："任何人不得将服职小贵族及其不服职子弟收为家奴，不能为君主服役者除外。"同样，《法典》也禁止债主把借债还息而不以劳抵息的人收为家奴。17 世纪，莫斯科法律普遍地、严格地禁止人们脱离服职地位和纳税地位。例如，1642 年 3 月 9 日法令无条件禁止贵族和小贵族卖身为奴。早在 1649 年《法律大全》颁布之前，就已有措施禁止典身，即禁止沦入有权废止或无权废止的人身依属关系。《法律大全》最后禁止城关纳税民和农民以劳役抵债而使人身依属于教会当局或世俗地主的行为。对于纳税民，只允许他们把子弟或亲属作为活约的抵押品，而且为期不得超过 5 年。这样，1550 年《法典》中规定农民有弃耕卖身为奴权利的第 88 条已被废止。一般说来，17 世纪，莫斯科国信仰东正教者不得卖身为奴。如果我们还记得 1646 年上谕颁布的农民地位恒定法，那么莫斯科国几乎整个社会，所有服职人员和纳税民全集中在三大类中，即服职人员、城关居民和农民，他们又统统从同一方面被闭锁起来，不允许他们脱离各自的社会地位。

【品级优惠成为按产业授予的阶层权利】既然各品级人员组成的集团都有各自专门的义务，而这些义务又是无条件的、始终不变的，甚至世代相传的，那么就有必要把保证这些义务得到贯彻执行的经济利益变为承担这些义务的各阶级特有的好处。如果根据法律服职人员要永远世代相传承担军役，城关纳税民也要永远代代相传按城市中的产业纳税，那么就必须规定：除服职人员外，他人不得拥有土地；除城关纳税民外，他人不得在城市中拥有产业。这样，经济状况和行业类别便从保证顺利执行国家义务的手段变为某些个别阶级所独有的、把人们固定在世袭义务圈子里的、纯法律性质的优惠条件了。换言之，变为阶层权利。因此，在莫斯科国的制度中，又出现一种新现象，就是争取拥有一定经济地位或从事一定行业的权利。过去，经济地位是靠个别人的努力、以民事法为手段取得的；每一种行业都自由开放，一个劳动者只要觉得对己有利，可以随意从事任何一种行业。如今一个人要想达到一定的经济地位，就要先取得这种权利——从事哪一行业，就必须加入法律允许从事行业的社会阶级，这是该阶级的特权。**【按不同权利划分的三个阶层】**上述原则又自然地引出相反的要求：如果只有服职人员有权占有土地，只有城关纳税民有权在城内经营工商百业，那么所有拥有土地的人都应该成为服职品级的人，而所有在城市经营工商百业的人都应该成为城关纳税民。于是，土地所有权和城市工商从业权便把那些一直以负担军役和城关纳税义务上以细微差异相区别的小品级都联合在一起。这种从两方面来运用规定的做法，把原来的各种等级结合成几个大的阶级或阶层，用强制登记的手段使他们有一个比较可靠的固定结构，并使阶层之间的差异更为显著。

用以把原来划分较为细小的社会阶级归并起来并使之成形的措施，在1648年和1649年的政务代表大会上，经政府提议或经大会代表努力，都获得采纳并写入1649年的《法律大全》。

1. 个人土地所有权是一种特殊权利，它仅属于服职人员和政务代表大会中经选举担任公职的代表。大贵族的家奴以及在法律地位上与之处于同等地位的寺院仆役无权购买或接受他人典押的田庄；服职人员中有发现此类田产并向君主控告者，即由家奴或仆役手中收回该项田产，并作为收归国有的土地转授予控告者作为俸田（《法律大全》，第 17 章，第 41 条）。家奴和仆役也不得由国有土地中拨给俸田。

2. 在城市经营工商百业的权利是城关纳税民的特权，凡不属城关纳税民的城关工商从业人员必须停止经营，或登记加入城关纳税民社团。家奴或农民凡在城关设有纳税户院或工商营业点——店铺、粮仓、酒窖——者，必须转让予城关纳税民；此后除城关纳税民外，禁止他人在城关经营或设立此类户院，否则一切财产充公，以农民和家奴身份从业者将于集市当众受到笞刑。农民可将货物运入城市，由车船直接售卖，不得为此在市场购买或租赁店铺。另一方面，在城市各坊各里中，居住着大量典押给服职人员或教会高级官员的不纳税工商从业人员，他们也应连同家庭人口和土地一并登记加入城关纳税民社团。甚至教会人员的子女及居住在各城市教会土地上的其他工商业自由民，也作为城关纳税民进行登记。不仅这些不属于一定社会阶层的自由民，甚至还有那些应募为国家服军役并领取薪饷的人，如在城市经营工商等业，也应在城市纳税：按《法律大全》规定，这些应募军役人员可以保留品级，继续执行军务，但同时也有义务根据自己的工商从业情况登记为城关纳税民，同别人一样缴纳一切赋税。只有某些种类的应募人员才属于例外，如射击兵，他们要为在市内经营商业或商铺交纳关税，按城关纳税民社团的规定交纳年税，但不必同城关纳税民一样缴纳其他赋税或承担地方徭役（《法律大全》，第 19 章，第 15、17、7、3、4、11、12 条）。由此可见，同是一个人，可以分属服职阶层和纳税民阶层。这一条规定废止了

17 世纪初关于服军役可以豁免低级服职人员的赋税，或赋税可以豁免服军役的规定。

3. 最后，农耕劳动也是一种阶层特权，它把原来划分成各种法律地位的农村居民联合成一个整体。农耕居民包括居住在国家土地上或地主土地上的农民和赤贫农民、经营农村各业或以佣工为生的无地无籍民、从主人那里得到土地、房屋、农具供其使用因此为地主劳作或像农民一样缴纳租税、从事农耕的家奴，等等。这类从事农耕的家奴称为佃奴或院外奴。《法律大全》对农民、赤贫农民、国有农民、宫庄农民与地主农奴，以及这些人同家奴之间的区别规定得十分清楚：它规定农民、赤贫农民、国有农民、宫庄农民都是直接固定于土地的，准确地说，是属于农村社团的；地主的农奴和家奴则属于个人，即属于地主的，两者之间的区别在于农奴和赤贫农民是纳税民，而佃奴或院外奴则不纳税。然而区分上述三种状况的特征本身也表明他们之间在法律上的地位十分相近。《法律大全》把一部分农民划归农村社团，把另一部分划归地主所属，这一原则终于确立起来，即国有农民社团负责监督国有农民纳税，而地主则负责监督自己的农奴纳税。这一原则不可避免的后果为强制分配纳税义务：农村社团和地主有权根据劳力向个别农民分配土地数额，并征收与土地相应的税赋。这种强制分配制度在农村居民中引起法律结构上的重大变化。一方面它消除了农民与赤贫农民间的法律地位上的差异：纳税农民究竟属于何种地位，这并不取决于他们本人的选择，而是由社团或负责分配税额的地主进行审定。但另一方面，这种分配制度实际上已消除了农奴与耕奴间法律地位上的差异。一座田庄的赋税总额，

由登记册上纳税农民与赤贫农民的户数决定，而每户纳税的具体数额却由管理这些人的地主随意在农奴间分配，其不足部分由收税人向纳税农民乃至不纳税耕奴任意摊派。因此当1646年和1678年纳税民普查时，就把佃奴和院外奴的户数同普通农户、赤贫农户一道登记在普查登记册中，尽管这时的法律并没有把家奴视为直接纳税民。这就为赤贫农、耕奴和农奴三者联合为一个阶级准备了条件，直至彼得时期才最后确定了按人头收税的办法。还有一点，就是《法律大全》把国有农民划归农村社团，把地主农民划归地主，并把这种归属关系扩大到原为自由民身份、与农民同居但无地的子女亲戚，这些做法都大大简化了农村居民的法律结构。

以上就是17世纪中叶起莫斯科国非服职社会分化出来的三大类人员。

第二十一讲

2. 品级荣誉是阶层权利的起源—莫斯科法律中品级荣誉的最初含义—这一含义在法律上的进一步复杂化—17 世纪阶层法中的新形式——阶层特权书状—新的社会阶层划分与原有品级划分之间的关系

【2. 品级荣誉是阶层权利的起源】2. 在 17 世纪的莫斯科国家中，阶层权利的另一来源便是品级荣誉。这是由古罗斯法律造成的一种颇有特色而又相当复杂的法律制度。**【莫斯科法律中品级荣誉的最初含义】**起初品级荣誉这一说法意味着法律赋予一定品级的意义和地位，其中表现了国家对社会上各品级为国家带来的相对利益的评价。评价品级荣誉的最敏感的形式为对不荣誉行为进行的惩罚，如对以行动，更主要为以言词“侮辱他人”这种行为进行的惩罚。对不荣誉行为进行惩罚的情况视侮辱一方乃至受辱一方的品级而差别很大：侮辱他人者要被课以罚金，受到监禁，受到体罚，举行有失体面的“请罪”仪式。科托希欣曾描述过一次由于侮辱大贵族而举行的请罪仪式。执行官押解肇事者前往被侮辱的大贵族庭院，令他站在门阶之下，把受辱者请出门来。秘书官向受辱者致词转达君主的旨意，说明大贵族议定把肇事者押送前来向受他侮辱的大贵族请罪。受辱者感谢沙皇的仁慈，请求把肇事者释放回家。肇事者在被

押送去见受辱者的途中，以及站在阶下时，有权不受惩罚而“破口大骂，对受辱者横加诟詈”，而受辱者不得对这些“恶毒的诟骂”有所干涉，以免反过来受到更严厉的惩罚。1550年《法典》对侮辱各品级人员的行为已规定了一整套复杂的罚款措施，到1649年的《法律大全》，这套办法又大大发展。例如，《法典》规定，侮辱大贵族的“上等家人”，即跟随主人出征效力的上等服役家奴，要罚款5卢布（合现今350卢布），而侮辱自由农民的罚金仅及其1/5。在品级阶梯上，家奴地位十分低下，他不享有自由民的权利，也不直接承担国家义务，但国家很重视他作为服役军人的武装跟随带来的好处，正因为如此，其地位才被置于纳税农民之上。这说明一个人的品级荣誉并不取决于该人在品级阶梯上所处的地位，而在于他给国家直接或间接带来的利益。但如果说在惩办损害荣誉的行为时，对受辱者的评价并不根据他的品级，而是根据他对国家带来利益的大小，那么在肇事者身上则恰恰相反，这种评价不是根据他带来的利益，而是根据他的品级，无论此人是凭功绩还是凭门第取得职位都是如此。《法律大全》规定，议政品级的人员如果侮辱总主教，要送去请罪；世袭服职人员则要受到杖笞；而纳税民和招募服职人员则要当众受鞭刑，并监禁一月（《法律大全》，第10章，第27—31条）。国家职务的品级赋予人以一定尊严，决定了为一定的罪行和过失所受的惩罚形式。对担任高级职务的人员，如各管理部门的领导人，这种尊严是他们顺利履行政府义务的手段：他们应该享有威信，这是使受他们管理的人敬服和顺从的必要条件。因此，法律不因他们犯有与下级人员同样的过失而使他们遭受同样的惩罚。因而在原先的罗斯，议政会成员和高级教会人士不受体罚。由

此看来，品级荣誉起初只是个人享有的人身优惠待遇，它或因职务而得，或因对国家的贡献而得，与品级并无关系：出征的家奴同普通百姓属于同一品级，但他的荣誉却比后者高五倍。

【这一含义在法律上的进一步复杂化】随着时间的推移，品级荣誉在法律上的构成越来越复杂：它不仅包含人身地位的优越，还包含某些产生于品级义务，而如今已不构成保证完美完成这些义务的物质优惠。例如，按规定只有承担军役、衙门职务或地方职务的人才有权占有土地，但莫斯科国中那些担任较重要公务的首都商人，以及被选为地方缙绅的城关纳税民也有权占有世袭庄园和俸田了。然而在这些人身上，土地占有并没有同服职地主承担的那种军事义务结合起来，所以土地占有便成为这些人的纯阶层利益。17 世纪的法令承认服职地主有权占有农民人身依属形式的劳动，这也是一种纯粹的阶层特权，因为这些地主所承担的军事义务，已经有世袭领地和俸田作为报酬。虽说占有农民人身依属形式劳动与此密切相连，但却并不构成对服职的报酬。这样，大客商和地方缙绅占有土地以及对农奴劳动的占有就具有阶层特权的性质，它们与相应的阶层义务并无联系，是对服务的奖赏，而不是服务的条件和手段。这一种新的阶层权利是由品级荣誉经法律发展而产生的，它加深了因不同权利而产生分化的品级类别间的界限，而这些权利，正如我们所看到的，则是经济地位或从业类别向一定阶级的特殊优惠转化的结果。

【17 世纪阶层法中的新形式——阶层特权书状】这就是莫斯科国阶层特权的来源。这一新的法律现象产生了一系列新的法令。17 世纪前，莫斯科国的法律在组织社会阶级结构时，主要着眼于

规定他们的国家义务。在17世纪可以看到这样一份法律文献，它谈到了阶层权利，这就是1648年8月26日向大客商和巨商会会员颁发的特权书状。在这一文献中重新引用1613年沙皇米哈伊尔即位后不久向首都高级商人颁发的一份特权书状。在这份书状中对大客商和巨商会会员予以重大的优惠待遇，例如：对他们的庄院免收赋税，不得驻军；他们本人、他们的子侄、他们的经理人外出办理商务时，途中不受地方官审判；向他们提起诉讼的权力仅属于莫斯科的税务衙门。这一特权书状是叶卡捷琳娜二世时期为高级商人的权利颁发一系列阶层特权书状的先声。

【新的社会阶层划分与原有品级划分之间的关系】17世纪中叶初见端倪的社会阶级新分化并没有取代社会上原有的品级划分，只在最初阶段对其作用做了一些掩盖。但这种分化从基础来说同原有的品级划分不同。第一，过去的品级相当琐细，是一种经常处于变化之中的经济状态和职位状态，属于何等何级在相当程度上取决于个人的意志；而新的、较大的社会等级是较稳固的阶级，法律甚至试图把它变成稳固不变的集团，人属于哪一个集团主要取决于出身，与经济状况无关。另一方面，原有的品级划分建立在国家义务差异的基础上，而新的阶级划分则因权利不同而有所差异。最后这一特征使新的阶级具有真正意义的阶层性质，因为我们在导论中已经指出，划分阶层最重要的，也是最易察觉的特征，就是权利的差异，而不是义务的差异。

然而新的社会阶层的划分并不能直接取代原有的品级划分，它只是间接地促使由琐细品级构成的阶梯解体，而解体的最终出现还取决于一系列其他条件。

第二十二讲

俄国社会品级结构的解体；这一解体过程的三个方面—1. 衙门职务的变化—莫斯科国最高服职阶级中各世袭门阀阶层的融合和1682年1月12日颁布的法令—官阶表—2. 彼得一世时期的地方政务管理改革—1699年1月30日的命令—贵族参与地方政务管理的制度：各军政长官下设的地方贵族议政会、贵族监政官和地方监察—3. 专门品级义务向泛阶层义务的转化—兵役义务向纳税民、神职人员子弟及家奴的普及—纳税义务向无籍民、家奴的普及以及间接向地主的普及—第一次人口普查后的俄国社会阶层结构

【俄国社会品级结构的解体；这一解体过程的三个方面】约17世纪下半叶起，俄国社会的品级结构开始解体。这一进程表现为三个不同的过程，分别同建立旧品级阶梯各组成部分的三种基础相适应。我们看到，这一阶梯的最上面几层是以在世袭服职人员之间分配衙门职务为基础的；中间几层是以委托地方人员个人分别担任公务为基础的；而下面几层则是以根据经济状况向服职人员及地方缙绅分配军务和赋税为基础的。17世纪中叶起，每一种基础都开始发生动摇，其部分原因是受到产生社会阶层新分化的某些条件的影响。

【1. 衙门职务的变化】1. 社会品级结构解体的第一个过程表现为衙门职务性质的逐渐变化。衙门职务的义务是在世袭服职人员之间进行分配的。这种分配同世袭服职阶层有着密切的联系，而15、16世纪莫斯科国的高级服职阶级正是由这些阶层构成的。某些政府权力委托给受命者时，要求后者具有一定的威望，这种权力往往都是按出身或门第分配的，因为出身门第在古罗斯是一个人能否具有社会威望的条件。**【莫斯科国最高服职阶级中各世袭门阀阶层的融合和1682年1月12日颁布的法令】**但从17世纪初起，上层服职阶级中原来与其他阶层泾渭分明的名门望族，开始显著地与其他阶层融合在一起：古老而显赫的王公大贵族门庭，有的渐趋湮灭，有的衰落式微；原来出身低微的新人物，或因功绩卓著，或因时运交至而崛起四方，在政府中取得令人侧目的高位，他们财势日盛，成为新贵的始祖。这样，高级品级便逐渐丧失原有的基础，不再是出身高贵的标志，而是对个人建功立业、尽忠效力的奖赏。最高服职人员集团中的这种变化，早在17世纪就导致地方军政长官制的废除，而旧的高级品级正是以这种制度为基础的，1681年，成立以B. B. 戈利岑公爵为主席、由选任服职人员构成的委员会，旨在拟订改组军队的计划。他们制订组织部队的新方案，建议“不分职位和类别”，即不像过去那样按门第出身，而是按个人的才干和功绩，在所有的服职人员家族中选拔指挥官。这一建议为君主和议政会所接受，并于1682年1月12日宣布撤销“上帝所厌弃的、贻害无穷的地方军政长官制”。此后，服职人员的阶层地位与职务品级之间的关系大为改观。过去的这种品级决定于服职人员是否属于服职阶级一定的世袭门第阶层，如今

则相反，不论出身如何，只要取得一定品级，就可以进入服职阶级的最高层。顺便指出，这一变化反映于 1721 年 1 月 16 日彼得一世的一道简明扼要的上谕中。上谕称："凡尉级军官，其本人及子女后人均为贵族，着即向彼等颁发贵族证书。"而相反，彼得曾多次反复强调一种见解，就是仅有贵族出身，但没有因服务而获得的品级，就不能享受任何权利。这完全破坏了旧品级阶梯的基础，引起建立服职人员新职级制度的必要性。**【官阶表】**1722 年 1 月 24 日批准的官阶总表使这一制度完全确立起来。在这一官阶总表中，所有的品位分为三个平行的系列，即军职官阶、文职官阶和宫廷官阶，每一系列各分为十四等。军职官阶由元帅开始至少尉止；文职官阶按一等文官、二等文官一直排到最末的十三等文官、十四等文官。应该指出，这十四个等级与现在的情况有所不同，它们不是与职务毫不相干的品级，也不是对服职效忠的奖赏，每一个等级都有一个乃至一大批同级职务与之相对应。例如，十四等文官就与部衙门书办、部衙门办事员、地方低级法庭监事、地方警官、外省邮驿站长等相当。官阶表的说明体现了新官品划分的原则。其中有一项规定，前八级服职人员（不低于少校和八等文官）及其后人属于上等贵族，"不论其出身是否贫贱，均应受到尊敬，予以照顾"。在另一条中我们看到，尽管对俄国最显赫的贵族子弟来说，由于他们的血统高贵，通向宫廷的道路是敞开的，但也希望他们"由于门第尊贵而在一切方面均有突出表现，倘若不能为君主和祖国建功立业，将不授予他们任何官级，也不赐予他们荣誉和官职"。官阶表的实行完成了高级服职人员等级结构的改造，其原则是：品级制的衙门职务义务逐渐失去同高级服职人

员中名门望族阶层的联系，转而成为普遍意义的职权。

【2. 彼得一世时期的地方政务管理改革】2.[①] 上述变革发生于彼得时期，旨在执行地方职务。我们知道，最繁重的地方事务就是委托差，以其分配为基础，出现了高级商人中的品级划分。由于国家机构不足，难以履行职务，才把征收关税、酒税及其他重要国家事务无报酬地委托给可靠的商人办理。在彼得时期，产生了解除城关纳税民委托差义务、所有间接税以承包办法或交退役官兵办理的想法。1722 年 4 月 13 日和 5 月 11 日两道上谕规定：国库原来依靠委托办理而得的全部收益将逐渐交付承包，在未选定城关纳税民承担此事之前，税捐征收事宜暂交退役军官、贵族和士兵办理。为了协助上述人员办理事务，命令选拔分裂派和“胡子派”代理宣誓帮办的职责，把分担这项义务作为对他们冥顽不化、坚持旧教规和不剃大胡子的惩罚。废止委托管理的尝试搞得特别引人注目，原因在于对这件事一无经验，二没有经过充分准备。我们从 1723 年 12 月 9 日的上谕中知道，军务部派往各省收税的退役军官仅 475 人，而当时需要的税务征收人员为 7000 人。因此在退役军人不足的地方，只好恢复由选举商人和城关纳税民继续收税的老办法。这说明废止由城关居民担任委托职务的这种要求，在官府找到适当手段取代税办和宣誓帮办之前即已产生。显然，随着商人的这些义务被免除，原来把商人分为许多职务品级的办法也就失去其基础。就在委托管理制的基础——根据委托来担任地方政务的制度——解体的同时，以社团保证为基础的地方服职系统

① 参阅书末附录。

发展起来，并逐步具有新的性质。伊凡雷帝在位时期，地方城乡社团取得了管理选任村、里长及宣誓帮办的权力。社团可以对村、里长进行审判，向他们征收赋税。社团选出的这些村、里长及宣誓帮办的活动向国家负责。这些地方选任人员取代了君主委派的外省管理人员——庸碌无能的地方军政长官和乡长。到17世纪，当政府任命掌有广泛军政大权的军政长官成为各县最高长官时，村、里长及宣誓帮办就成为替这些军政长官完成大量繁杂管理工作的工具，完全丧失了独立性。沙皇阿列克谢当朝时，政府开始考虑恢复受到军政长官摧残的地方自治问题。彼得继承和实现这些想法。**【1699年1月30日的上谕】**1699年1月30日的两道上谕准予首都和其他城市的工商百姓以及农村的国有农民“如若愿意”可选举村、里长以自治，审理百姓纠纷，为国家征收赋税。废除军政长官和城市专员管理制后，要求加倍缴纳赋税。按照这两道上谕，成立莫斯科自治事务署和各地的市政自治公署，后来到了彼得执政后期，又改组为市政厅。这些机构不仅恢复，而且扩大了市政自治权。原来担任政府委任官员副职的地方选任官员，如今起着代表推举他们的城市社团来监护各阶层利益的作用。彼得时期的法律并不要求各城市选民为他们所推选的官员承担严格的保证义务。这样，原来由地方选举产生、具有地方服务性质的管理机构如今在各城市已具有阶层特权的意义。不久，在设立自治会长之后，这种权利又扩及外省贵族。**【贵族参与地方政务管理的制度】**17世纪，贵族在地方社团中处于相当特殊的地位；他们虽已加入各县社团，但同其他阶级很少有联系，对地方管理的进程也很少起作用，只能推选几名代表担任县政府中的一

些次要职位。地方社团由服职人员中推举县警务官的制度也在彼得登基前不久被废除。彼得改变了上述状况，为贵族开辟直接参加地方行政管理的较为广阔的道路，并以此使贵族阶层有机地进入地方自治管理系统。**【军政长官下设的地方贵族议政会】**1702年3月10日上谕规定，各县军政长官下设立经县贵族社团选举产生的地方贵族议政会。当选的地方贵族议政会代表应了解军政长官办理的一切事务，而军政长官则“在这些贵族未参与的情况下无权处理任何事务”。1708年，俄国各行省重新划分后，各县贵族议政会为省长下设的贵族监政会所取代。**【贵族监政官】**1713年4月24日上谕规定，各省按幅员大小由贵族中推选8名、10名或12名贵族监政官，他们“应协同各省省长处理一切事宜，签批文件，各省省长并非他们的上级，而是他们的主席”，其特权仅在于表决时省长的一票等于两票。这些贵族监政官不仅组成省长下设的贵族监政会，而且还直接参与管理省内事务。全省划分为数区，每区均有一监政官作为首脑。1719年起，贵族监政官消失，但贵族参与地方政务管理并未终止。1718年11月26日上谕宣布，进行第一次人口普查，并将各团分别派驻各县，按新办法征收人头税作为军饷，**【地方监察】**命令各县贵族每年推选地方监察征收此项税款。1719年1月训令规定，地方监察除负责收税外，还担任警务工作。他们的职责是监察地方的国家包税商，监督兵役义务的执行，监察交通道路的设置与安全，监察本县纳税民的道德行为，以及协助执法，等等。地方监察每年服职期满后，要向县贵族社团报告工作，社团可因其玩忽职守或滥用职权而对他进行审判，乃至进行惩处。由此看来，在彼得时期城市不仅恢复了自治，

而且还扩展到地主土地所有制的农村居民。这时的城市自治机构和贵族自治机构已有了极大的权力，使地方自治的中央机构在作用上起了根本变化：由君主任命的外省行政官员过去拥有治理城市和农村百姓、地主和农民的全权，如今仅保留了对选举产生的地方管理机构拥有监察权，成为由选举产生的贵族监政官组成的监政会主席。由于这一变化，过去的地方个人委托制和社团保证制由城市扩展到地方贵族社团，在彼得执政时期，又同某些使他们带上阶层政治特权性质的条件结合起来了。

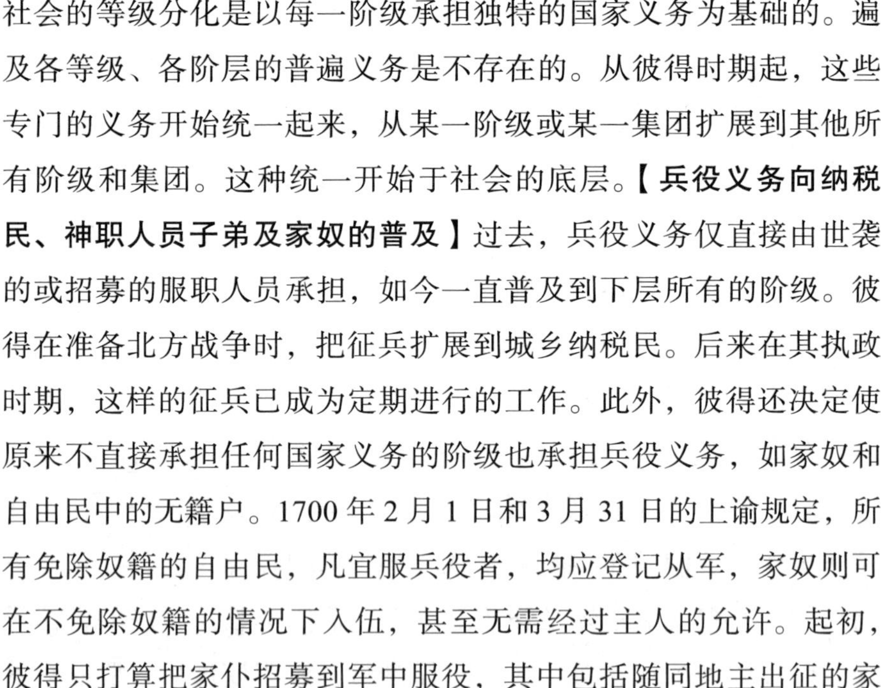

【3. 专门品级义务向泛阶层义务的转化】3. 我们看到，古罗斯社会的等级分化是以每一阶级承担独特的国家义务为基础的。遍及各等级、各阶层的普遍义务是不存在的。从彼得时期起，这些专门的义务开始统一起来，从某一阶级或某一集团扩展到其他所有阶级和集团。这种统一开始于社会的底层。**【兵役义务向纳税民、神职人员子弟及家奴的普及】**过去，兵役义务仅直接由世袭的或招募的服职人员承担，如今一直普及到下层所有的阶级。彼得在准备北方战争时，把征兵扩展到城乡纳税民。后来在其执政时期，这样的征兵已成为定期进行的工作。此外，彼得还决定使原来不直接承担任何国家义务的阶级也承担兵役义务，如家奴和自由民中的无籍户。1700 年 2 月 1 日和 3 月 31 日的上谕规定，所有免除奴籍的自由民，凡宜服兵役者，均应登记从军，家奴则可在不免除奴籍的情况下入伍，甚至无需经过主人的允许。起初，彼得只打算把家仆招募到军中服役，其中包括随同地主出征的家奴；1711 年同土耳其开战后，他颁发 3 月 1 日上谕，要求在地主的所有家奴中三丁抽一，从军入伍。同时，纳税义务不仅扩及家奴，

还扩及无籍民。彼得在把适于入伍的家奴征召入伍时，早在人口普查之前就坚决直接地向自立门户的被称为院外奴或佃奴的耕奴摊派赋税。后来，第一次普查终于使家奴和耕奴之间的界限消失。

【纳税义务向无籍民、家奴的普及以及间接向地主的普及】1719年和以后逐年的多次上谕，使人头税在所有的阶层包括无籍民和家奴中全面推开。多数无籍民在普查登记中归到普查时他们所耕土地地主的户册上，他们就这样沦为地主的农奴。同时，在无籍民和家奴中开始征兵，其原则与在农民中征兵的原则相同，也是多少人中抽募一丁。于是，这两个阶级便同农奴融为一体，成为农奴阶级。尽管家奴与农奴仍有所不同，但这种差异只是经济上的，而不是过去存在于农奴与家奴之间的那种纳税民与非纳税民的法律上的差异。纳税义务也间接落到了农奴主头上。他们本人本不应交纳人头税，但关于第一次普查的多次上谕最终确定了他们替农奴交纳国税的责任。如有欠交税款，国家就向地主本人征收。这样，兵役义务和纳税义务向越来越多的阶级普及，从而逐渐成为各阶层共同的国家义务。原有各品级法律上的融合以这些义务的普及而最终完成，即俄国社会品级结构的解体。

【第一次人口普查后的俄国社会阶层结构】上述使品级制解体的三个过程是一种手段，它使原来掩盖阶层的品级划分从18世纪20年代后期起混合于阶层划分中。随着国家义务的统一，社会不再分为琐细的品级，与义务无关的阶层权利得到发展。这一变化成为国家制度由旧基础向新基础变化的过渡。莫斯科国为了共同利益把社会的全部力量和手段都置于自己的支配下，没有给个人利益和个别阶级的利益留下任何活动余地。这种国家利益完全吞噬了个人利益的状况体现在按品级分配专门国家义务的制度中。彼得结束了这一分配制度，把个别品级的某些专门义务扩展到整个集团乃至整个社会。然而在他死后，开始了相反方向的运动。某些阶层逐渐摆脱原有的义务，而且不仅保留自己过去的权利，还取得一些新的权利。这些权利，不论是个人权利还是政治权利，使国家赋予某些阶层的自由活动天地变得越来越大。这一趋势由贵族开始，并以较弱的势头涉及城市工商百姓。造成这一趋势的条件及其发展过程对俄国社会造成的后果，一部分在俄国史共同课上已经讲到。当然，有些条件是贵族和城关百姓经过整个18世纪才获得的，它们反映于1785年为这些阶层颁布的特权书状中。于是，这些阶层与宗教界一道取得特权阶层的地位。19世纪的法律把这些权利扩及过去不能分享这些权利的阶层，并进一步扩展，以求在法律面前各阶层能够消除差异。

内容概述及主要结论

现在，让我们来总观一下我们已经研究过的现象。我们看到了18世纪20年代中期前俄国社会是如何分化的，它两次分化的基础是什么。分化的次数不少，形态上也各有特色。为了更好地记住它们在历史上的继承性，我们把这些分化再做一次概略的叙述。

起初，在我国最古老的法律文献出现之前，社会分化为征服者和被征服者，前者力图攫取一切权利，而仅把义务留给后者。但在最古老的法律文献中，这种分化的痕迹极为模糊。我们在这些文献中发现，10—12世纪罗斯社会的分化所根据的已不再是物质力量所赋予的权利，而是人们对最高当局的态度，即法律：征服者成为王公臣仆，成为管理者，成为王公政权的工具；而被征服者则成为庶民，成为被管理者，成为王公的纳贡者。这两大阶级除对王公的态度不同外，还有一个特征不同，这就是法律对不同的人所持的不同态度，例如王公政权成员的生命（但仅仅是高级成员的生命），在法律上要高贵得多，国家对这些人的生命比对其他阶级成员的生命更为爱护。但到了12世纪，则已经可以看到以权利为依据的更细微的社会划分：大贵族、庶民、典身农，等等。这一分化就其起源而言是经济分化：阶级的差异在于经济状况的差异。然而，由于法律承认这种经济上不平等现象所产生的法律后果，并把经济上的不平等同权利的不平等联系起来，于是经济状况就有了阶层的意义。我们很易发现这种新的阶层划分同较早时期的阶层划分——根据个人对王公的态度把社会分为统治者与被统治者的划分方法——有着历史的联系：王公臣仆往往成为大贵族地主，生活在王公土地上的自由民成为庶民，生活在个人土地上或家中的自由民成为典身农。显然，新的阶层划分是以前期划分的经济后果为基础的。

到了领主时代，社会根据经契约固定的劳绩或服务方式以及人们通过劳绩所获得的利益的种类，划分为阶级。这一划分也是以前期划分所造成的后果为基础的：每个人的不同的服役能力，即该人善于为王公承担哪项义务而不善于承担哪项义务的状况，是由前一阶段形成的各种经济-法律地位决定的。只有享受特权的地主才有权担当行政职务或军职，普通农民只承担缴纳田亩税的义务，等等。在莫斯科国，社会按国家义务的种类划分为品级。这些国家义务就是职务，领主时期居民的阶级就是靠这些职务来互相区别的，只不过这些义务先是由契约所规定，后来又具有强制性而已。分配这些义务的基础，就是领主时期受到与王公间的契约关系影响而形成的经济状况。因此，国家的社会品级划分是以前一阶段契约划分的后果为基础的。17 世纪中叶起，琐细的等级开始汇合成以权利相区别的大阶层集团。这些权利形成的途径有两条：作为鼓励人们认真完成国家义务的手段而出现的经济利益向着为各品级带来相应义务的特权转化，某些权利正是产生于这样的转化；还有一些权利则是一种品级荣誉，即各品级为国家服务带来何等利益的标志。这意味着所有的阶层权利都是品级义

务的产物，它们或是保证认真履行义务的手段，或是标志一定品级义务在国家中的地位。如此看来，研究社会分化的历史继承关系可以使我们发现这些分化之间的因果关系。这种关系可以表述为：每一次新的划分，都是以前一次划分的后果为基础的。最初，把人从政治上划分为统治者和被统治者的这种做法，造成经济上的不平等——人们经济状况的差异；这种差异决定了人们在领主时期同王公建立契约关系上的差异。这些由契约关系造成的地位上的差异又决定莫斯科国个人分担国家义务的状况。对国家来说，这些义务的意义和价值各不相同，所以又派生出权利上的差异，而这种差异则成为社会划分为由过去地位相同的品级汇合而成的阶层的基础。每一次新的分化都同前一次分化的后果相联系。这就是由我国阶层史中得出的基本结论。

附　　录

I

记录稿与修增内容比较①

第 1 页第 11 行（第一讲：本科研究对象），记录稿为：

为了说明本学科的内容目的，我想先讲一些一般性的意见，它们都是现代和以往史实的概括。尽管你们中间很多人认为这些都是常识性的东西，但我还是要请诸位耐心地听讲，其目的不是丰富各位的历史知识，而是使诸君对所研究历史现象的范围、性质，有一个更准确的认识。

第 10 页第 27 行（第一讲：阶层义务分为人身义务和物质义务、直接义务和间接义务），记录稿为：

……物质义务称直接税。不按财产，而按财产流通或需求征收的间接税，当然不会具有阶层的性质。

第 12 页第 5 行（第二讲：各阶层间差异的逐渐消失是欧洲历史上共同的事实），原有一处增补：

---

① 经尤什科夫整理校订。

但从近代欧洲国家诞生起，这种不平等曾是政治生活中政治制度的基础，甚至在那些后来具有完全民主性质的社会中也是如此。如在瑞士，就可以发现向贵族不平等制方向剧烈运动的痕迹。但从 15 世纪起……

第 16 页第 2 行（第二讲：法律规定的世袭不平等地位是阶层划分的基础）。整个这一页（到 16 页 5 行止*）与记录稿的出入颇大，而且，从“如果社会阶层间的不平等……”起，直至末尾，本书中的阐述同原来记录稿完全不同，全部为教授重新口授：

当代国家中的个人，其政治地位动荡莫测，不断浮游于各政治集团之间，随个人在经济斗争中的成败而起伏波动。如生活于阶层国家中的堂吉诃德，只要他胯下有一匹驽马，并具有骑士阶层的身份，他就决不会失去这个身份，即使他征服了整个美洲，情况也不会有所改变。把当代欧洲国家，准确些说是成长中的未来欧洲国家，同正处于消亡中的阶层国家相比，说明阶层划分的基础是各阶级在权利和义务上的不平等，而当代制度的基础则是经济状况的变化无常。

阶层间的不平等是如何产生的呢？要回答这个问题，必须收集那些还不甚了解的现象，那些被称为人类共同生活中还很少研究的过程。收集这些现象时，可以发现阶层不平等产生的途径有二。在由自然联合体向政治共同体过渡时，社会通常随着居民的劳动分工而分化，社会划分为阶级，按劳动种类和资产种类划分为不同的阶级，各阶级的相对意义取决于一定的资产在当时当地

* 此处页码有误，应为到 17 页 5 行止。——译者

所具有的意义。但有另外一种情况，那就是当一国遭受外力武装入侵或国内出现某种武装力量，它征服整个社会并攫取支配居民劳动的权力之时。这种力量可能是外来的部族，也可能是社会内部为了抵御外敌而形成、后来又利用这种力量的优势把整个受它保护的社会置于其控制之下的特殊阶级。社会从这些不同的事实出发，继续向前发展……

第 19 页 11 行 * 起至 18 页 20 行 ** 止（第二讲：阶层的双重起源——政治起源和经济起源），记录稿情况如下：

……这就是征服即政治因素建立的社会所具有的结构。

由阶级间的经济差别出发，社会走的是另一条道路。起统治作用的资本，有时是可变资本，有时是固定资本（这一点需视国家经济条件而定），成为国家权力的来源；资本的活动同政治权利乃至公民权利紧密相连。资本的拥有者组成了政府。不过这种政权不是靠武器的力量取得的，而是靠资本的压力。武器是会疲倦的，它会停止活动，而资本却能永不停顿地活动，因为自然需求在永不停顿地活动——这是资本生存的条件。故而拥有资本的阶级并不需要急于去建立新的国家制度来保证其政治上的统治：这种统治不靠政治手段，不靠特许状和机构来保证，而靠经济关系。一个这样的阶级将会把全部注意力集中于国民经济的安排，为资本的活动开拓领域，扩大和保持市场的销量。在这样的社会形态中没有必要去征服工人：人们会自动跑来投靠那些手握资本、给

* 应为第 19 页 1 行。——译者

** 应为第 20 页 9 行。——译者

他们饭吃即向他们提供工作手段的人。然而这种无须以法律保障的统治却需要有资本的活动，所以在法的领域中，工作进行得很缓慢。社会面貌易辨认。它主要由两种力量构成：一方面是资本家、债主，另一方面则是工人、债户。但在这两股力量之间进行权利与义务分配时，却会出现经济关系上千差万别的程度。社会划分为几个小的经济层次，它们之间法律上的差异极为细微。而在具体法律中只有几个部分拟定得比较详细，主要是义务法。

生活若从按行业种类和资本种类划分社会层次这一事实出发，就会产生上述差异。各位可以看到，这两种发展的差异就在于作为依据的事实性质不一样：在我们谈到的第一类过程中，生活进一步发展的一切现象都从政治性事实出发，即社会上出现新的统治力量；而在第二类过程中则从经济性事实出发：社会上出现握有占统治地位的资本的主要阶级。故而社会分化的第一类过程可称为政治性的，第二类可称为经济性的；第一类过程的结果是政治差异，第二类则是经济差异。

将上述两种过程进行对比，可以得出政治发展的另一条规律，即“阶层不平等愈严重，阶层分化愈单纯”，反之，“阶层不平等愈微弱，阶层划分也愈复杂、愈琐细”。

研究俄国各阶层时，我们应该首先对自己提一个问题：我国社会在形成过程中走的是哪一条道路——政治的，还是经济的？它的出发点是什么，是武力征服社会还是经济上屈从于统治资本？俄国阶层史正是对这一问题的回答。不过要研究这一问题，我们事先应了解，我们为什么要得到这一问题的答案；当我们看到人民中如何形成政治共同体、社会究竟以政治手段抑或经济手段划分为阶层时，我们应从人民的历史中了解些什么。我们现在就来研究这一先决性问题——研究俄国阶层史的科学兴趣问题——的回答。

（第二讲到此结束，下面部分原属第三讲，但作者将其移入第二讲，因为第二讲的提要中已经指出这部分内容。）

我在对作为政治设施的阶层下定义时，列举过主要的阶层权利和义务，这些因素以不同方式结合，构成作为政治设施的条件。后来我又指出，阶层划分并非是一成不变的基础，而是政治共同体的临时性状态。而且，我还把正在欧洲形成的无阶层社会同渐趋消亡的阶层制进行对比。这一对比告诉我们，阶层分化的基础是整个阶级而不是个别人物在法律面前的世袭不平等地位，因为即使在无阶层社会，个别人物也无法享有政治上的完全平等。如果说阶层不平等只是社会的暂时现象，生活中曾经存在过无阶层时代，将来也还会有无阶层社会的到来，那么人们就会问：阶层不平等是怎样产生的？在什么条件下产生的？社会由于什么原因分化为具有不同权利和义务的等级？在论及阶层起源时，我曾指出过两条道路——政治道路和经济道路。社会的阶层划分，或始于……

第 30 页第 8 行（第四讲：俄国阶层史资料的缺乏现象），原记录稿为：

卡拉姆辛之后，我国史学著作中出现两个流派，按这两派煞有介事但又毫无意义的意见来看，两派都认为他们彼此有着本质的差别，甚至大有冰炭不能同炉之势。

第 33 页第 14 行（第四讲：我国史学界 30—40 年代的研究状

况是资料缺乏的原因），记录稿为：

……诸君可以发现俄国史学著作体现这一新兴趣的情况，如索洛维约夫的长篇史学巨著……

第34页第22行（第四讲：我国史学界30—40年代的研究状况是资料缺乏的原因），记录稿中还有：

……但这些论著不值一顾。我之所以提到它们，主要是为了提醒那些时间上不充裕的人：这些著作的大标题是需要知道的，不致忽视这些著作。关于教会阶层的历史……

（关于罗曼诺维奇-斯拉瓦金斯基著作的评述，作者是在石印本稿中后来加上的，讲课时没有提及。）

第35页第10行（第四讲：我国史学界19世纪三四十年代的研究状况是资料缺乏的原因）："以上几乎是……余者仅为小块文章而已"是作者校订时加上的手迹。

第35页第21行（第四讲：50年代对俄国社会史研究的兴起及其与前朝改革的联系），记录稿为：

这些改革……第一次迫使人们去寻求各种条件，以便顺利运用于俄国过去的社会。

第36页第8行（第四讲：19世纪50年代对俄国社会史研究的兴起及其与前朝改革的联系），记录稿为：

占主导地位的意见就是如此。这些简单的形式和不确定的关系无法保证为研究者提供足够的有价值的资料。初看起来……

第36页第22行（第四讲：19世纪50年代对俄国社会史研究的兴起及其与前朝改革的联系），记录稿最初为：

2月19日的改革揭示了社会观点和各阶级之间根深蒂固、错综复杂的关系，暴露了就连最大胆的想象力过去也难以描绘的难以“先验地”建立的社会生活形式。这一切促使人们去思索，我国社会一定也付出了紧张得可怕的劳动，只不过它在表面上是普普通通、平平凡凡的形式而已。

俄国阶层史也许可以使人们对我国历史产生科学比较上的更大兴趣。它的种种现象十分独特，对于研究史学的任何部分都将是有用的。

第 38 页第 28 行（第四讲：俄国阶层史的分期），记录稿为：

……第四阶段是按各阶层的相对政治意义在他们之间分配的阶层特权的差异。现在我们开始对第一阶段的研究。

第 42 页第 9 行（第五讲：基辅公国的军事经济起源）：“……通过它……黑海市场”为教授在付印抄本中亲手所加。

第 42 页第 15 行（第五讲：基辅公国的军事经济起源），记录稿为：

在瓦里亚吉人血统的基辅酋长身边，聚集了一个最强大的门客团；基辅王公在门客团的帮助下，征服了东斯拉夫的其他城市和部族。

第 45 页第 13 行（第五讲：10 至 11 世纪社会分化为阶层的痕迹），记录稿为：

这很可能是对奥列格、伊戈尔、斯维亚托斯拉夫远征进行观察的结果，如果伊本–达斯特活到这些王公当政时的话，他的文字就证实了……

第 47 页第 5 行（第五讲：10 至 11 世纪社会分化为阶层的痕迹），记录稿的结尾为：

……这种阶层分化有其双重基础。现在我们来看一看这种基础，看看俄国社会按《罗斯法典》分化的几个阶级是什么状况。

第 48 页（第六讲:《罗斯法典》中的阶层）：教授推翻了整个第六讲记录稿，重新口授石印稿，他甚至不允许把记录再加以整理。但仍保存这一讲的开头一段：

……遭杀害,《法典》称为刑事罚金；杀害家奴无须交纳罚金，只需由家奴向主人交纳少量罚款。王公臣仆是什么人呢？这是以人身为王公服务的人。他们与“自由民”之间的区别在于后者不是人身为王公执役，而只是向他交纳贡赋，并因此结成一定的行会组织，即城乡社团。王公臣仆承担的义务是人身义务；“自由民”承担的义务是社团义务即以社团形式来承担的义务。由此看来，这两个阶级在对王公的关系上有所不同。这种对王公的关系造成王公的法律对这两个阶级的不同态度。法律对这两个阶级的人予以的重视程度是不同的，因为对他们承担义务的评价也不同。家奴制在《罗斯法典》中是一种极为明确和严酷的制度。它不分什么种类:《罗斯法典》规定的家奴制只有唯一的一种，就是完全家奴制，即全面终身家奴制。

第 54 页第 5 行（第六讲：典身农、庶民），起初，在“典身农或典身仆”之后，记录稿上直接插入后来教授移至第 56 页第 5—23 行的一段（第六讲：经济差异和法律不平等之间的联系是进行阶层划分的基础）。

第 56 页第 8 行（第六讲：经济差异和法律不平等之间的联系是进行阶层划分的基础），在“……不是东家的家奴”之后原来还有一句话，但后来删去：

也许，在这一点上应该看到教会的影响，它使强制为债主劳动的债务依属关系不再是家奴制产生的原因，这一点后面还要谈到。

第 65 页第 12 行（第七讲：教会对国家社会构成的作用），记录稿为：

它在罗斯的奴隶占有制法律中引起了极大的变化，仅仅这些变化本身，即足以使它成为建设我国社会的主要力量之一。这样的变化可以举出三条。

第 65 页第 22 行（第七讲：教会对罗斯奴隶制法律带来的变化），记录稿为：

为了实现这些概念，教会很早就以主持忏悔和协助制订遗嘱等为手段，使罗斯社会形成一种风气，即死后将全部或部分奴仆释放，使他们成为终生为主人向上帝祈福的人。

第 66 页第 30 行（第七讲：社会的教会划分与政治划分之关系），这一段记录稿为：

这些规定的目的在于使罗马公民最重要的权利免遭受大量外人涌入公民队伍的侵害。拜占庭法律接受罗马人的这些决定，经过改造，收进了拜占庭的几部旧法典，如 8 世纪的《法律选集》、9 世纪的《法典》。基督教会对这些决定所维护的多神教制度无动于衷，但它还是接受了这些制度，使它所珍视的利益得到它们的保护。例如，它接受不平等婚姻的思想，但为了维护家庭道德的纯洁，它又做出决定，可以按法律把成为已婚主人姘妇的女奴收归国有：地方官有义务把女主人的这类情敌卖往外区。这一规定收进了我上面指出的两部拜占庭法典。后来，在教会影响下，罗马法中解放奴隶的一种特殊方式起了更大的作用，这种方式叫作默认释奴——σιωπηρά έλευθεριά。这种释奴……

第 67 页第 29 行（第七讲：强制无偿释奴的情况），记录稿为：

教会不具备同这种陋习做斗争的直接手段，便极其谨慎地从另一个角度来解决这一问题。它继承由拜占庭传来的关于可以允许婚姻不平等的思想，即缔结婚姻关系时人们的法律地位可以不平等的思想，并不使用暴力拆散主人同女奴的关系，把女奴留在主人身边，直至死亡。然而它又把罗马法中的……推断法使用于这种关系……

第 69 页第 17 行（第七讲：奴隶的强制赎身），记录稿为：

希腊罗马法有时也强制主人向他人出卖奴隶。这种情况有二：一是对奴隶态度残暴，二是战俘赎身。大家知道，一个罗马公民如果被敌人俘虏，那么在祖国就被视为不自由人：于是，他在家乡享有的一切权利都暂时停止，直至他回来方能继续生效（即所谓 jus postliminii）。如果一个本国人……

第 70 页第 9 行（第七讲：奴隶的强制赎身），这部分讲义文字上出入颇大：

这种变化逐渐发展为规定有期或无期依附关系的复杂契约，它以人身典质为保证，在领主时期导致形成特殊的半自由阶层——典身奴。而且，自出现有条件的依附关系这一概念以来，奴隶制中某些不自由形式即被取消。《罗斯法典》在指出奴隶制基本成因时，指出它不认为是奴隶制的三种人身依附关系形式，即：父母送子女为佣工，自由人仅为维持生活而投身他人门下为佣工，或为维持生活、取得身价，即因以借贷形式取得预支报酬而为他人佣工。只有在《罗斯法典》较晚期的条款中，才出现这些新的依附关系形式，文献记载中的这些形式有一共同特点：此类受人身依附关系制约的人执役期满后可以离开主人，但需偿清债务，按约向主人偿还生活费。过去，罗斯的土地所有法不承认这些有条件的依附关系形式。

这就是教会给奴隶制法律带来的主要变化。教会从根本上改变了法律的法律性质。过去，这种法律的特点是内容严整、形式统一、含义明确；人们在拜占庭《法典》中看到的关于罗马奴隶制的表述“奴隶制不可分”——*ἄτομος ἐστι ἡ δουλεία* ——在这里也可以适用。奴隶的地位不允许再出现任何阶层。就奴隶而言，不能说……

第72页第6—12行及13—32行为抄稿中所加，记录稿中未见。

第73页第1—4行（第八讲：研究本时期的基本史料），记录稿为：

对领主社会进行研究后，再将它同过去研究的11、12世纪的社会进行对比，我们就可以引出这两种社会各自最重要的特点。我把俄国阶层史中领主时期的上下限划分在13世纪初和15世纪中叶。领主时期——这不仅是一个特殊的……

第77页第19行（第八讲：最高政权性质的变化），记录稿为：

……当时的最高政权不集权于个人一身，而由集体承担。它同被统治民众之间是靠臣属关系联系的，这是一种强制性的关系，是不以个人意志为转移的。以各领主为代表的最高政权却具有截然不同的性质，这些人是各自独立的相等的领主，同自己的亲支之间不存在任何固定的政治关系。由于这种政治上的孑然独立，领主就失去了他的政权性质。

第 78 页第 29—32 行，第 79 页第 1—15 行（第八讲：民事契约及对个人的依附是领主国家政治制度的基础），记录稿为：

他在自己的领地内曾起过某些最高政权的作用，他颁布法律，进行审判，总之是进行统治；然而只有当自由居民居留在领地上时，这种最高权力才起作用。这些自由居民同王公订立个人间的民事契约，服从王公的政权，但只在这种契约生效之时。由此可见，王公的政治权力产生于他同领地上的自由居民所订立的民事契约。当时所谓的“君主”，指的是自由人对非自由人、对奴隶的权力。领主与任何地主一样，可以拥有这样的奴隶，但后者只是领主个人的奴仆。这意味着领主统治就其法律性质而言同普通个人占有土地的统治是相近的。因而最高政权性质上产生的重要变化在于政治臣属关系的消失，以及代之而起的个人的、公民的从属关系。领主们是自己领地内民事上的统治者，但不是领地社会的政治统治者。

这一变化改变了领地社会所有阶层与王公关系的性质。如今这些关系的基础不再是臣属对君主的强制性的关系，而是由民事条约或契约产生的临时性义务，由这种契约所形成的则是个人的从属关系，是家奴式的不自由。我们只消对领地社会某些部分同王公的关系做一简单考察，即可发现这些关系的基础。

处于社会最上层的是……

第 80 页第 14 行（第八讲：大贵族和自由臣仆同领主王公的关系），由此直至本讲结束，全为重新口授，原记录稿已不存。

第 86 页第 22 行（第九讲：“廷下职役”是介于服职人员与黎民间的过渡阶层），记录稿为：

购买，这意味着取得物品的所有权。然而作为自由人的司库，只有当他为王公执役时，才有权购买田庄供临时使用。

第 88 页脚注（第九讲：各阶层同领主王公间的由契约规定的关系的性质的脚注）:《国家文献条约集》中的正式引文是在准备出版时查引的，讲课时此处所引是原文的意译。

第 92 页第 26 行（第九讲：典身奴是自由民与奴隶之间的过渡阶段），讲课时第十讲由此始。

第 94 页第 10—32 行及 95 页第 1—5 行（第九讲：领主时期的社会划分与前一阶段社会划分的关系），记录稿为：

领主时期社会分化的这种性质，有助于发现这一分化同过去几次分化之间的历史联系。这些分化从因袭变化来看，显然是互相联系的，后者均出自前者。最初出自对王公的强制关系的分化把社会分成服职人员和非服职人员。与此同时还出现一种按财产状况划分社会等级的做法，而财产状况又产生权利的不平等。看来，这种财产状况差异的形成同政治上把社会划分为服职人员和非服职人员的做法有关。各阶级人士由于同王公所处的关系不同，取得了不同的资本：服职人员主要成为地主，而非服职人员则以工商资本或农耕劳动进行工作。11、12 世纪出现的财产状况差异成为领主时期社会划分的基础。在领主时期，不同阶级的人向王公承租的资产类别不同，为偿还使用的资产而向王公尽职效力的性质也不同，人们也正是按这些因素相区别的。然而还有一点也很明显，就是各阶层人士使用的王公资产，其类别是同这些人的经济状况及社会地位的差别相适应的。地主在人身上承担王公的政职或军职，而以工商资产工作或仅靠个人劳动生活的人则向王公租用城市工商用地或农村耕地。这样就揭示出……

第 98 页第 12 行（第十讲：莫斯科国的等级分类），起初记录稿中在“所有品级……和 3. 非纳税品级”这一段中的说法为：

品级可分为基本品级和可变品级。基本品级又可分为两大类：服职品级和平民品级。这两类领主时期的品级，一类相当于大贵族和自由臣仆，另一类相当于平民。

第 98 页第 26 行（第十讲：议政品级），记录稿中曾有一句话：

我先简单谈一下他们的特点，然后再来讲解他们的出身。

第 99 页第 32 行*（第十讲：莫斯科品级），记录稿中有：

……其性质均为宫差：有些人是为君主侍膳的，还有些人则担任宫中其他差事。

第 99 页第 31—32 行、第 100 页 1—2 行（第十讲：莫斯科品级）。记录稿中这一处讲得较广泛：

选任贵族和廷差小贵族担任远差；此外，选任贵族还按一定顺序被派往首都到宫廷去担任各种职务，就像现今的哥萨克轮流到彼得堡来值勤一样。外省小贵族只能担任近差，或只能去担任防卫职务或城防职务。上述所有服职品级所担任的世袭职务，都是永远带有强制性的，并且是世代相传的。服职的主要手段，服职人员均由个人所掌握的土地——世袭田庄或俸田中获取。16 世纪中叶起，才以钱俸作为服职的辅助手段。钱俸一般在出征前发放。

第 100 页第 10—26 行（第十讲：召募服职品级），讲课时这一段的说法如下：

---

* 应为第 98 页 32 行。——译者

所有这些服职品级均由政府从各阶级中召募，主要是不负担国税的自由人，他们或称自由民，或称无籍民。最初这些品级由志愿人员中招募，到 17 世纪则按世俗或教会地主掌握的纳税户数强制抽丁。起初这些品级的人登记服役是有一定期限的，是为参加某次军事行动，事情一完就解散回家；但到 17 世纪征募来服役的人只能至死方罢，或到体力难以为继时为止。“召募服职品级”主要靠钱俸为生，土地占有只是一种辅助手段，但这些人的土地占有与“世袭服职人员的地产不同，它不是个人占有，而是与农民相仿的社团占有。政府把“召募服职人员”结合为一个个社团，以社团共有形式把国家边疆地区的土地分拨给这些人。后来这些“招募”来的土地所有者形成为所谓“自耕地主”阶层的大多数。

现在我们再来把庶民品级研究一下。用莫斯科国当时的话来说，这些品级的人都叫作百姓。他们又分为纳税民和非纳税民。纳税民可分为……

第 101 页第 9 行（第十讲：城乡纳税民品级），记录稿为：

村民社团与城关社团的差别在于国家赋税种类不同，准确地说，就是征收国家赋税的性质不同。国家征收的赋税……

第 101 页第 22 行（第十讲：大客商），由此直至本讲结束，记录稿与修正的石印本之间出入颇大：

大客商——这是大批发商人，他们同其他城市甚至同其他国家发生商业往来。这些人同巨商会、呢绒巨商会的商人区别在于资本的数额。不过现在说不清资本的数额，加入巨商会和呢绒巨商会需要多少资本。人们只能对“大客商”的资本额有一个大约的估计。据17世纪下半叶的一个管事人员科托希欣说，“大客商”拥有流动资金2万—10万卢布。由于在他那个时期，即沙皇阿列克谢当政时期，1卢布相当于现时的17卢布，那么2万约等于现时的30余万，10万约等于200万。上述三种商人除资本大小外，为国家承担义务的情况也不相同。除城关居民都要交纳的城关共同税外，他们还负担国库财税方面的差遣。为了弄清这些差遣责任的程度，应该牢记莫斯科国国库掌握的几项专利：它经售酒类和食盐，此外它还征收商品税，独家经营毛皮，当时这叫作“君主的毛皮生意”。这几项都是有利可图的国库收入，但国库并不由自己的官员经营，而依靠城关社团的选用人员。城关社团有义务选举“信用首办”来经营每一项专利，即选用经宣誓效忠的领导人及其宣誓效忠的助手“宣誓帮办”。信用首办可选择经营某一项国库收入，并以其家产作为信用保证；如果达不到预定的税收额，他要用自己的财产来补足；如果无力支付，则由选举他的城关社团替其偿付。大客商负担的财税义务最为重大，最贵重的国库货物的经营归他们办理，并由他们负责赔偿商业上的损耗。巨商会和呢绒巨商会的成员被选为担任大客商的助手，或独力担任国库经营额不大的城市的首办。国库的这种委托是首都高级商人最沉重的义务。平民里和平民坊的居民构成首都工商居民的主体。人们很容易发现，“大客商”相当于现今的商务专办，而“巨商会”和“呢绒巨商会”的成员则相当于现时的业主。由于里、坊之间的差别在于从业种类的不同，那么它们同后来的行会颇为相似。这就是首都工商居民构成的大致情况。

下面还要介绍一下省城的城关百姓的构成和乡村百姓的构成，

以及位于这些基本品级之间的过渡阶层的状况。从我上述提纲挈领的介绍中可以看出，构成莫斯科国社会的这些小品级是多么难于记忆，内容多么枯燥。然而要想弄清这一复杂社会的基本结构，就必须研究它的组成状况。

第 109 页第 2—12 行（第十一讲：契约家奴），记录稿为：

……实际上这意味着直至奴隶死亡。契约家奴与典身家奴的不同之处还在于，这种奴役关系不是产生于奴隶本人与主人的自由约定，而是产生于其父母、亲长或丈夫同主人的契约。常有把妻子、儿女送去当契约家奴的。米宁和波扎尔斯基说："抵押上我们的妻子！"，这可不是一句空话，而是最实在、准确的法律用语。

第 110 页第 13—18 行（第十一讲：契约家奴），记录稿为：

为了使莫斯科国社会这种烦琐的等级分化不致使人模糊不清，我提出一个莫斯科国的品级表。

第 113 页第 13 行（第十二讲：莫斯科国社会分化的政治基础）"统治君主"原为"政治君主"。

第 117 页第 11—15 行（第十二讲：人身臣属关系的消失），记录稿为：

这是莫斯科国法律的典型现象：像领主王公和 12 世纪王公所有的那种君主个人的奴仆消失了，15、16 世纪莫斯科国的人身依属的宫廷奴仆同它的自由臣民融为一体了。

第 118 页第 5 行（第十二讲："君主的臣仆"这一称谓的政治新义），"这一政权的地方代表"在记录稿中为："这一政权某些火花的体现者。"

第 119 页第 12 行（第十二讲："君主的臣仆"这一称谓的政治

新义），记录稿为：

……为使读者对 15、16 世纪我国社会结构中出现的一些现象不致产生误解。由此看来，由人身隶属于君主的人向君主的臣民转变，密切关系到……

第 120 页第 25—32 行、第 11 行、第 1—32 行*（第十二讲：按阶层分配国家义务的共同基础），原记录稿此处与经教授增订后的石印稿出入颇大：

我们知道，在其他国家里，国家制度的基础建立在阶层权利与阶层义务的结合上，或者建立在阶层权利与阶层义务的分离上。但前一种情况的阶层义务只是阶层权利的政治后果。它们的这种关系表现为可以拒绝权利，同时也不承担义务。莫斯科国的政治制度基础却是对所有的阶层都只分配义务，而不予以权利。诚然，这里也有与义务相联系的各不相同的优惠，但这些优惠并不是什么阶层权利，而仅仅是为了使之能承担义务而予以的经济资助。这样，这种义务与优惠的关系在莫斯科国完全颠倒过来：在这里，优惠反倒成了国家义务的政治后果。这样的关系表现在臣民不能拒绝给予他的优惠，因为拒绝之后他将无力承担义务。一个服职人员可以从君主那里得到供他使用的土地——俸田。与此同时，他也要服兵役。他不能拒绝这一义务，但也同样不能拒绝拥有这份俸田。很多俸田地主就是抛弃俸田逃入草原的，但他们又被找了回来，重新安置在俸田上，迫使他们享用这种权利。这种独特

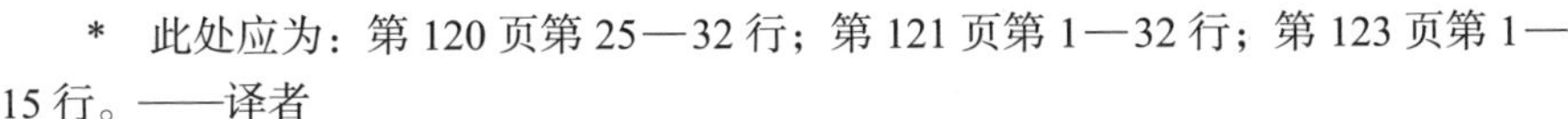

* 此处应为：第 120 页第 25—32 行；第 121 页第 1—32 行；第 123 页第 1—15 行。——译者

的国家制度结构可以用其产生的原因来阐释。这个原因就是人民为抵御外部危险而奉行的政治团结。大俄罗斯在莫斯科君主的统治下团结起来，其目的不是征服，而是抵御人民受到的外来危险。历代莫斯科君主曾以武装斗争形式扩大他们的领土，但那是同地方统治者进行的斗争，而不是同地方社会进行的斗争。莫斯科历代君主在打败各领主国家的统治者或自由城邦的贵族后，并没有遇到当地社会的反抗。后者大部分都先于其统治者自愿倒向莫斯科。这样，大俄罗斯政治上的统一便有了其产生根源——外部防御斗争的需要。如何分担这一斗争所赋予的重荷，而不是如何分配不能导向目标的阶层权利，便成了立法工作的对象。

这种令人感到沉重的政治制度的基础首先改变了社会政治分化与政治分化之间的关系——这是莫斯科政治制度赖以建立的另一个共同基础。在以后的时间……

第 123 页第 23—27 行（第十二讲：按阶层分配国家义务的共同基础），记录稿中的结尾为：

莫斯科国阶层制度的共同基础就是如此，它是由莫斯科君主政权作用的变化产生的。我们找出其共同基础有两点：1. 领主时期的契约义务变成为国家义务；2. 各阶级分别按各自的经济状况来承担国家分配的义务。莫斯科当局在构造每一个单独的社会阶级时，遵循的正是这一条规则。它运用这些规则，制定分配义务的专门手段，用以指导某一阶级的具体成员之间的国家义务分配问题。在单独研究每一阶级的结构时，我要讲一下分配的这些专门手段。

第 124 页，从十三讲开头起至“上一讲结束时……”（第 125 页 12 行）止，是上一讲的总结，教授曾将其由石印稿中删除。

第 130 页第 32 行（第十三讲：在服职人员中按品级分配义务的手段），在“按门第分配……”之前，记录稿中还有一句，石印时已去掉：

在讲解按品级分配军务和政务的情况时，我想先谈谈上述简短公式中的第二种情况。

第 132 页第 12 行（第十三讲：领主时期莫斯科大贵族的结构和性质），第十四讲原由此开始，但教授根据逻辑关系又把这一部分归入上一讲。

第 136 页第 4 行（第十四讲：近侍贵族品级由大贵族品级分化的过程），记录稿为：

看来，近侍大贵族同大贵族的关系类似现今的中将与上将的关系。

第 136 页第 22 行，在列举领主王公出身的家族时，在“姆斯季斯拉夫斯基”之后，教授先加上“奥多耶夫斯基”，后来又命将其删去。

第 137 页第 6—17 行（第十四讲：上述两品级的门阀特点），原记录稿为：

到 16 世纪的族谱中去查阅这些家族的出身，可以发现他们都是古老的莫斯科大贵族的后人，他们的祖先从 13 世纪末起就开始在莫斯科服务了。在近侍贵族名单中，最常见的是一些世代居住莫斯科的古老大贵族门庭及其支系，如莫罗佐夫与波普列温、萨尔特科夫与舍因、科什金与扎哈里因、尤里耶夫及其亲族科雷切夫、萨布罗夫与戈杜诺夫、达维多夫与布图尔林、切利亚德宁等。

第 137 页第 17 行：“古老的大贵族门庭”原为“土生土长的大

贵族门庭”。

第138页第32行（第十四讲：议政贵族品级的起源与意义）：“用过去莫斯科人的话来说”原为“用过去莫斯科的文牍语言来说”。其后的名单是付印稿后加的。

第139页第22—28页（第十四讲：议政贵族品级的起源与意义），记录稿为：

大贵族多半出身于在莫斯科服务的最显赫的领主王公家族，其中包括少数古老的莫斯科大贵族家族。近侍贵族主要出身于无封号的莫斯科大贵族，他们在一批新贵涌入莫斯科时，仍保持了自己的地位。

第140页第1—16行（第十四讲：议政贵族品级的起源与意义），记录稿为：

在构成整个大贵族的各阶层之间，对令省的各种职能进行了分配。所有这三个品级的人员都是莫斯科行政当局的领导人，但这些人享有的领导威望并不相同。最重要的军事管理职位委托给大贵族，次等的军职则分予近侍贵族；民政、财政、警务的职位主要分予议政贵族。这就是世袭令省职务分配的情况。

莫斯科服职品级的安排或按《莫斯科花名册》分配职务的情况则又有所不同。由于能够参加议政会的人数有限……

第143页第1—3行，“在他们的姓名后面，有的还注明……某城市的……”等字样是在石印抄本中添上去的，记录稿中并没有。

第143页第9—32行（第十四讲：莫斯科贵族除一般作战任务外承担的两类专门职务——政务和军务），讲课时原为：

侍臣和莫斯科贵族在和平时期接受的委托差遣一直不断：他

们受命担任某些次要城市的军政长官、外交使节的随从，奉派到全国各地去审理重要刑事案件，承办政务上的一切特殊委托。他们是民政管理的执行工具。此外，他们在军队也占有完全特殊的地位：侍臣、侍从以及莫斯科花名册中的其他人员组成最受重视的军团，总人数有时超过 6000 人。但他们很少全数出征。他们在部队中起的是军官作用。其中部分人战时被分散安插到部队中由外省贵族组成的各团，在其中担任团长和管带，即营、连指挥官。还有一部分组成莫斯科团或御林军团——这就是禁卫军。不过，请不要以为……

第 144 页第 9 行（第十四讲：莫斯科贵族除一般作战任务外承担的两类专门职务——政务和军务），自此处起至本讲结束止，这一段原记录稿为：

由此可见，莫斯科贵族组成了如今我们称之为总参谋部和近卫军的机构。在由外省贵族组成的团队中，他们是营级和团级指挥官；在莫斯科御林军团，他们是家奴的世袭田庄主指挥官。要想弄清莫斯科贵族的这一双重作用，只消查看一下 1681 年名册中的某些数字便可一目了然。名册中的侍臣及其他莫斯科品级人员共 6385 人，其中 3761 人分散在地方贵族团队担任团、营指挥官，2624 人在莫斯科禁卫军团——御林军团服职，他们在这里指挥武装家奴，共 2.1 万余人，故整个莫斯科军团人数为 2.4 万余人。在这支几乎为 2.5 万人的大军中，莫斯科品级人员的数量微不足道，它们构成军官团体。令省职务在由莫斯科贵族构成的几个阶层中就是这样分配的。在外省贵族中，由品级划分确定的军事职务摊派则完全是另一种情况。现在让我们来看看这方面的情况。

第 150 页第 28 行（第十五讲：应征屯戍边境地区危险地段的守备人员的土地分配），记录稿为：

莫斯科政府将他们荒弃的世袭田庄收归国有后，把几户莫斯科服职人员迁居到那里，把这些世袭田庄分赐给后者作为俸田。

第 152 页第 4 行（第十五讲：应征屯戍边境地区危险地段的守备人员的土地分配），记录稿为：

莫斯科县的外地贵族俸田分散在这些大田庄之间，数量相当可观。邻近几县的情况也是如此。越是远离……

第 153 页第 6 行（第十五讲：1. 地方原有服职世袭田庄主集团的解体），记录稿为：

1. 莫斯科国成立后，组成于领主时期并构成服职世袭田庄主地方社团的古老服职社会被打破了。领主王公的无地臣仆……

第 154 页第 14 行（第十五讲：2. 首都贵族的双重性质和双重构成的起源），在论述按土地分配职务的第三个后果这段话前面原来有过一句："最重要的是第三个后果。"

第 155 页第 16 行（第十五讲：按土地服职标准的确立），"因此拥有 300 俄亩……"这句话是教授为付印抄本添上的。

第 155 页第 20 行至本讲末（第十五讲：按土地服职标准的确立），记录稿原为：

如果每个拥有 150 俄亩土地的人应装备一名全副武装的骑兵出征，那么反过来，每一个装备了一名全副武装骑兵出征的服职人员就应该拥有 150 俄亩耕地的俸田。莫斯科政府以这一双重性质的标准为准绳，向外省贵族分配军务负担，使外省服职人员分成三个品级，按顺序为：地方小贵族、廷差小贵族和选任贵族。现在我先来讲一讲这些品级称谓的来源，然后再讲一讲这些品级本身的来源。

第 156 页第 16 行（第十六讲：外地小贵族；这一称号的来源），“送进”原为“派进”。

第 158 页第 13 行（第十六讲：16、17 世纪俸册中外地品级分配职务的状况），记录稿为：

这样的名册研究起来十分困难，因为编造名册的方式很奇怪，但研究工作可以带来很有意思的结论：通过这项工作可以发现在服职人员中分配职务和俸额的手段。

第 159 页第 14—32 行（第十六讲：16、17 世纪俸册中外地品级分配职务的状况），记录稿为：

这就是评价战斗力的一套复杂的办法。由此还产生了一套公式，在俸册中我们经常可以看到这套公式。例如，司俸常这样谈及一个服职人员：“此人骁勇善战，可任远职”（可参加远征）；“此人门第颇佳，其父曾任廷差”；而能否担任远职，还取决于此人“头脑如何”，而他的俸田或世袭田庄管理得如何。一个服职人员如被认为是“骁勇善战”“门第颇佳”，甚至“职声甚好”，有时也会对巡检官把他登记为最高等级的意图表示反对，他会说：“我无法应征，因为我的赤贫农和耕农贫苦不堪，我本人也贫”，并请求将他登记为最低品级。

最后这句话（“一个服职人员……最低品级”）曾被教授由付印抄本中删除。

第 160 页第 25—27 行，原记录稿为：

地方人员的俸田额为 300 至 100 切契不等；根据田俸和钱俸

额，他们可分为十二个以上的等级。

第 160 页第 28—32 行、第 161 页第 1—12 行（第十六讲：16、17 世纪俸册中外地品级分配职务的状况），这一段为记录稿，石印付印前曾被教授删去。

第 162 页第 26—27 行（第十六讲：俸田额与实授俸田），这一句为付印前所加，记录稿中没有。

第 164 页第 27—32 行（第十六讲：俸田额与实授俸田），记录稿中教授是这样讲的：

应该注意的是第二道战线上的各省并没有把中心紧紧包围起来：它也是一个环，但在北方有一个豁口。在这个圈子上缺了北方几省——既没有奥洛涅茨省，又没有诺夫哥罗德省；只有普斯科夫省参加了这道防线。但自 16 世纪末同瑞典交战以来，普斯科夫省成为西北方向上紧张斗争的最前哨。有几个省份形成第三条线，构成第二道防线，其各环节中有诺夫哥罗德省，但既无奥洛涅茨省，又无沃洛格达省。这说明防圈北部仍有一个豁口，因为北方根本没有可防御的敌人。最后还有第四组省份……

后来，在准备付印的修改稿中，教授起初把这一段改为：

应该注意的还有：无论第一组还是第二组各省，都不构成完全封闭的圈子，它们的北部都有缺口。第二组不包括诺夫哥罗德省，虽然它与特维尔省交界。第三组里也不包括沃洛格达省，尽管它与第二组的科斯特罗马省、雅罗斯拉夫尔省交界。唯有普斯科夫省尽管同莫斯科相去甚远，但仍加入围绕莫斯科的第一道圈子。这是由于从 16 世纪下半叶起，普斯科夫省已成为西北方同瑞典战端迭起的紧张地区的缘故。这两个圈子在北方都留下了豁口，因为那边没有可防御的敌人。

最后，教授选择了本版中使用的这样一段比较简略的文字，即第 27—32 行的这段文字。

第 165 页第 20—24 行（第十六讲：外地品级与莫斯科品级、议政品级划分的区别），记录稿为：

那么，这四道线意味着什么呢？对于我们来说，它指示保卫国境战斗力的紧张程度。

第 166 页第 22 行（第十六讲：外地品级与莫斯科品级、议政品级划分的区别），这里插入一个问题："上述四组省份说明什么？它们说明……有着相当强大的防卫力量……"

第 167 页第 9—13 行（第十六讲：外地品级与莫斯科品级、议政品级划分的区别），讲课时未讲。

第 176 页（第十七讲：宣誓就任地方民政职务的基本原则。首都高级商人品级划分的基础）第一句话是石印时增添的。

第 179 页第 7—14 行（第十八讲：外省百姓分配税收负担的原则和划分等级的基础），记录稿为：

……征收土地税要比征收城市赋税简单些。所以县城居民的连环保外乡农民参加进来就很不利，农民起初同城市参加同一纳税社团，到 17 世纪，才力图建立他们单独的纳税社团。

第 180 页第 5 行（第十八讲：外省百姓分配税收负担的原则和划分等级的基础），记录稿此处还有一句话：

17 世纪下半叶，《法律大全》出版后，又制订了 1657 年法规，其中规定城关纳税民若不经允许随意改变城关营业地点即要判处死刑。

第 180 页第 15—24 行（第十八讲：外省百姓分配税收负担的原则和划分等级的基础）为石印时增加的。

第 183 页第 14 行（第十八讲：国家义务的强制性原则在公民权利中的反映），此处与记录稿不同：

……与此同时，还存在着两种形式的人身依附关系，它们不划归奴隶关系：一是自愿担任管仓，二是典身抵债。有些自由人被雇到地主家担任管仓，以一定时间为期，期限往往是到主人去世为止。这种雇佣关系使佣工人身上依附于主人，但与奴隶式的依附关系又有所区别：一个有自由人身份的管仓只要遵守一定条件，随时可以终止他的服务。同样，典身是……

第 183 页第 24 行（第十八讲：国家义务的强制性原则在公民权利中的反映），记录稿为：

如此看来，自由人担任管仓以及典身抵债都不能构成农奴身份，都不是家奴的形式。16 世纪前，这两种人不具有任何家奴依附关系的特征，但自 16 世纪起，这样的特征开始出现。自由担任管仓的现象消失了，变成为卖身担任管仓：自由人卖身担任管仓，为主人执役，直至主人去世。这样，管仓由一件可以自由中止的义务变成为延续到主人去世为止的终身人身依属关系。前面已经讲到，这种奴隶关系获得呈报奴的名称。另一方面，从 15 世纪末起，我国民事法中出现一种思想，即因抵债而产生的暂时人身服务关系获得了人身依属关系的性质，不过这种服务关系……

第 183 页第 31—32 行（第十八讲：国家义务的强制性原则在公民权利中的反映）（由“不过这种服务关系仅限于……”）、第 184 页第 1—16 行为付印时增补的。

第 186 页第 5 行（第十八讲：呈报奴和契约奴的起源），最初记录稿为：

到 17 世纪，由抵债而产生的契约奴隶制，其形成原因已不再是债务本身，而是有关执役的契约：债务仅具有形式上的意义。

第 186 页第 12—16 行（第十八讲：呈报奴和契约奴的起源）（“为此《法律大全》规定……实际意义。”）及第 22—25 行（“以役抵债的主奴关系……继续拖延。”）均为付印时增补。

第 186 页第 25—32 行、第 187 页第 1—20 行（第十八讲：呈报奴和契约奴的起源）这一段与最初记录稿出入颇大：

造成活约奴隶制的契约有下列形式：一种契约规定为债息服役的义务，有时有期，有时无期，偿清债务后，即恢复自由人身份；还有一种为抵债契，要求为债主执役若干年，抵偿债务——以劳相抵的赈济，如畜力、种籽等，这就要求用为地主耕作相抵；存工待酬契，规定为东家执役若干年，期满后可按约取得一定酬劳；典押契，或规定自由人典身执役若干年，或将其子、女、弟，甚至妻典押若干年；最后，还有一种学徒契，规定某人投师某人学艺，若干年内为师傅执役。所有这些活约奴隶制的形式在 17 世纪均由契约奴隶制的一项基本原则发展而来，即按某项契约或某项条件而失去自由。这对奴隶中不同地位的法律划分从 16 世纪初开始显著起来，并对农民与地主之间的土地关系产生了强烈影响。在契约奴隶制的影响下，居住在地主土地上的农民从 17 世纪 20 年代后期起，逐渐沦为地主的农奴。

第 198 页第 28 行（第十九讲：农奴的分化），“这是一个全新的……阶层……但他们并不纳税”一段为石印时增补的。

第209页第14行（第二十讲：品级优惠成为按产业授予的阶层权利），在“因此，在莫斯科国的制度中……”一句之前记录稿中曾有一段话，石印时被删除：

这就是莫斯科国阶层权利的来源之一。我们可以看到，在这些阶层权利的影响下，各品级之间的相互关系起了多么大的变化。现在我们再来看看这些阶层权利的另一来源——品级荣誉。

第209页第14行（第二十讲：品级优惠成为按产业授予的阶层权利），讲课时记录稿到此为止，以后部分均为教授在课后向石印版出版人口授的。

对第96页（第十讲）以后各页的说明：

为了补充第十讲及以后各讲中关于16、17世纪莫斯科国阶层结构的情况，可参阅B. O. 克柳切夫斯基的著作《古罗斯的大贵族议政会》，该书提出了大量详尽史料，本书对这些史料仅作了提纲挈领的讲述。

对第224—227页（第二十二讲）的说明[①]：

B. O. 克柳切夫斯基对第205—208页中所讲述的许多现象，后来在观点上发生了某些变化，这主要是受到其学生П. Н. 米柳科夫、М. М. 博戈斯洛夫斯基等人对彼得时期的一些研究著作的影响。下面的一些段落选自1909年版的《俄国史教程》第4卷，第46、47讲，第197—200页、207页、239—244页、246—247页。

克柳切夫斯基在《俄国史教程》第4卷中，考察了同样的一些

① 本节由Ю. В. 戈季耶编写。

现象，但着眼点不是俄国各阶层集团的历史，而是把它们作为彼得当政时期改革锁链上的一个个独立的，而且彼此不相连的环节来加以考察。作者在第 4 卷第 46、47 讲中称之为“管理改革”的行动，始于市政自治机构的建立以及新时代初期具有偶然性的多变措施；继之以外省改革，其表现之一就是设立贵族监政官；最后以彼得死前十年合理的行政改革告终。因此，作者在《阶层史》第 205、208 页叙述的事实，在《俄国史教程》中讲述的角度和顺序都有所不同（“为了叙述简明起见”，引自《俄国史教程》第 4 卷的某些段落均做了必要删节）。

监察院成为大贵族议政会的办公厅，而大贵族议政会则成为人数不多且又很少具有大贵族性质的内阁大臣的联合机构，专门处理日常军务。它们有力地表明行政改革的方向：推动这一改革的力量显然是陆军和海军，而行动的目的则是军费开支。改革的第一步是企图把地方自治也作为国库手段来加以利用。1699 年 1 月 30 日颁布的上谕规定，首都工商人员每年得推选村、里长；其他城市及国家农民、宫庄农民社团也接到上谕不受军政长官管辖，可“按志愿”推选代表管理司法及国库税收事宜，但纳税额须比以前增加一倍。这意味着对纳税民社团来说，军政长官和国家具有同等意义……军政长官在失去对城市居民和乡村自由民的审判、行政权力之后，仅仅只是服职人员及其农民的管理者，而在北方由于这些阶层已不存在，故而军政长官也不复存在。但即使在仍然保留军政长官的地区，政府也认为有必要设立副手来钳制军政长官。1702 年 3 月 10 日的上谕撤销了县警务官，但同时下令“一切事宜均由县城地主及世袭田庄主会同军政长官审理”，每县可任命 2—4 人……博戈斯洛夫斯基先生发现的有关副军政长官的文献档案说明这一机构的工作情况……地方贵族社团对赋予他们的这种权力表现得极为冷淡，远非所有的地方都选出了副军政长官；过了 8—9 年后，这一与其说是有趣的还不如说是可笑的改革实践由于毫无成效而自行消亡……企图通过设立副军政长官的办法来吸引贵族社团参加地方管理的企图在各县未获成功，但却在更高的级别上进行实践。1713 年 4 月 27 日的上谕要求“省长之下设立 8—12 名贵族监政官”。贵族监政官由枢密院在省长提名的数量超过一倍的候选人中任命。然而彼得嗣后又改变了主意，要求“监政官由全体地方贵族亲自选举”。枢密院未执行这项旨意，仍按省长提出的名单任命监政官。到 1716 年，彼得自己也改变了枢密院实际予以否决的命令，指示任命因年老或受伤退役的军官担任监政官。这样，省长下设的贵族监政官始终未能由各省贵族社团选举的代表担任，他们成为完成枢密院及省长特殊委托的官员。“副军政长官”一职的演变历史也是如此。

“……在中央按瑞典人的方式进行改组后，有必要使外省情况与之相协调。各省划分为郡，郡又划分为道。有些道与县相等，有的道则下辖几个县。也有一县分为几道的，但这种情况极少。治理道的为地方监察，按训令规定，他负有各种职责，如财政、刑狱、国民经济乃至民政教化等……地区划分还经过第五次改划……人头税的征收工作由特任监察人员负责，他们由各道贵族选举，而在北方白海沿岸一带，则由纳税民代表选举。博戈斯洛夫斯基先生解释说，这种由当地选举的监察应同地方监察有所区别，1713 年改革后，地方监察为一道之首，由财政部任命。”

“……最后，城市阶层管理工作也进行改革……1708年的行省改革把莫斯科市政自治署改为莫斯科市政公署，废除各市社团及其地方行政公署，废除高级阶层机构属下的选任村、里长。如今决定‘由全俄罗斯的商人负责征收分散于各地之税收’。”

“……1721年初，未来的模范市长接到章程，授予他首席市长称号，命其按章程组织市政厅，按训令主持市政厅领导工作。”

俄汉译名对照表

Адашевы　阿达舍夫家族
Алферьевы　阿尔费里耶夫家族
Архангельская губерния　阿尔汉格尔斯克省
барщина (боярское дело)　劳役租
башкиры　巴什基尔人
Безнин　别兹宁
белое духовенство　白衣教士团
Беляев　别利亚耶夫
Биркины　比尔金家族
Боборыкины　博博雷金家族
бобыль　赤贫农
богадельные люди　教会收容人员
«бородачи»　“胡子派”
бортники　宫廷蜂丁
бояре　大贵族
Боярская Дума　大贵族议政会
боярские тиуны　大贵族府牧头
бурмистры　村长，里长
Бутурлин　布图尔林
Важский уезд　瓦格县
варяги　瓦里亚吉人
Василий Тёмный　（盲者）瓦西里
великий князь　大公
верная голова　信用首办
верная служба　委托差
вещественные обязанности　实物义务
вира　刑事罚金
витязь　水路提运
Владимирская губерния　弗拉基米尔省
Владимирский уезд　弗拉基米尔县
Владимир Святой　圣弗拉基米尔
вогулы　沃古尔人
Военная коллегия　军务部
военная повинность　兵役，军役
Вологодская губерния　沃洛格达省
волостель　乡长
Волынский　沃伦斯基
Волынь　沃伦
Воронежская губерния　沃罗涅日省
Воротыньские　沃罗滕斯基家族
вотчина　世袭田庄
вотчиники　世袭田庄主
вотчинное землевладение　世袭田庄所有制
Вотьская пятина　沃季行政区
Всеволожский　弗谢沃洛日斯基
Всесословные земские учреж дения　各阶层地方自治会
вторая гильдия　二等商人
Вяземские　维亚泽姆斯基家族
вятичи　维亚季奇人
Вятский уезд　维亚特卡县
генерал-фельдмаршал　元帅

Герберштейн　格贝尔施泰因
Годунов　戈杜诺夫
Голицыны　戈利岑家族
Городовая жалованная грамота 1785 г.　《1875 年城市特权书状》
городовая осада　守城役
городовые ратуши　市政自治公署
городской промыщленник　城关商工从业人员
гостинная сотня　巨商会
гости　大客商
Государственная Дума　国家议政会
Градовский　格拉多夫斯基
гражданские права　政治权利
Григорий Богослов　格里戈里・博戈斯洛夫
губерния　行省，省
губернаторы　省长
губернские секретари　十二等文官
губные старосты　县警务官
гулящие　无籍民
Давыдов　达维多夫
дворовые дворяне　宫差贵族
дворовые дети боярские　宫差小贵族
дворовые холопы　家仆
дворцовые сытники　宫廷掌酒官
дворяне　贵族
дворяне большие　正贵族
дворяне «из выбору»　选任贵族
дворяне московские　莫斯科贵族
действительные статские советники　四等文官
действительные тайные советники　二等文官
деловые холопы　佃奴
делюи (деловые люди)　仆役
денежное жалование　钱俸
дерноватая грамота　草根契
десятина　俄亩
десятня　俸册
дети боярские　小贵族
дети боярские дворцовые　廷差小贵族
дети боярские городовые　地方小贵族
дикая вира　连坐罚款
дистрикт　道
Дитятин　季佳金
довод　薪饷
докладная грамота　呈报家奴身契
докладные холопы　呈报奴
долговое закладничество　典身
доходный налог　所得税
драгуны　骠骑兵
древляне　德雷夫利安人
дружина　门客团
Дуловы　杜洛夫家族
дума　议政会
думные дворяне　议政贵族
дьяки　书郎，秘书官
Екатерина II　叶卡捷琳娜二世
Елецкий уезд　叶列茨县
живая зависимость　活约隶属关系
жилая запись (житейская запись)　活契
жилая неволя　活约奴隶制
жильцы　随侍
жилые ссудные　以劳抵赈的活约关系
Загряжские　扎格里亚日斯基家族
задворные холопы　院外奴
задушные люди　追释奴
заемные заживные крепости　抵债依属关系
закладные крепости　典押依属关系
закладни　典身奴
закупы　典身农
Засекины　扎谢金家族

затиншики　城防火器兵
Захарьин　扎哈里因
захребетники 寄养人
земские комиссары　地方监察
земские старосты　村长，里正
земский собор　政务代表大会
Знаменский　兹纳缅斯基
Зюзины　久金家族
Ибн-Даст　伊本–达斯特
Иван Калита　伊凡·卡利塔
Иван III　伊凡三世
Иван Грозный　伊凡雷帝
изгои　出籍人
Ильмень　伊尔门湖
именитые граждане　显贵公民
именитые люди　贵人
Искоростень　伊斯科罗斯坚
кабальные холопы　契约奴
кадаши　宫廷内衣织造工
Казанская губерния　喀山省
Калужская губерния　卡卢加省
канцлер　一等文官，首相
Карамзин　卡拉姆辛
Каmирский уезд　卡希尔斯克县
Квашнин　克瓦什宁
Киев　基辅
Киевская Русь　基辅罗斯
ключники　司库
княжские мужи　王公臣仆
князь　王公，公，领主
коллежские ассесоры　八等文官
коллежские советники　六等文官
Коломенский уезд　科洛缅斯克县
Колычев　科雷切夫
коммерции советники　商务专办
комиссары при коллегиях　部委办事员
Константин Багрянородный　君士坦丁七世
конюхи　马夫
кормление　俸禄
кормового дворца подключники　御膳房副司库
Костромская губерния　科斯特罗马省
Костромский уезд　科斯特罗马县
Котошихин　科托希欣
Кошкин　科什金
крестьянская вечность　农民的恒定身份
крепостные крестьяне　农奴
крестьяне дворцовые　宫庄农民
крестьяне черные　官田农民
крестьянский заряд　补偿农役
крестьянское изделие　农役
кривичи　克里维奇人
круговая поруга　连环保
кружечный двор　烧锅酒店
Крым　克里米亚
купля　购契
Курбский　库尔布斯基
Курская губерния　库尔斯克省
Курский　库尔斯基
ландрат　贵族监政官
ландратский совет　贵族监政会
Ласкарис　拉斯卡里斯
Ласкиревы　拉斯基廖夫家族
Литва　立陶宛
личные обязанности　人身义务
личные дворяне　等身贵族
люди　自由民，庶民
люди земские　地方百姓
люди черные　黎民
магистрат　市政厅
майоры　少校
Масуди　马苏迪

местное сословное собрание дворянства　贵族阶层地方会议
местное сословное собрание городских обывателей　城关纳税民阶层地方会议
местное сословное собрание духовенства　教会阶层地方会议
местное сословное собрание крестьян　农民地方会议
Микулинские　米库林斯基地方会议
Минин　米宁
мир　行会，社团
Михаил Фёдорович　米哈伊尔·费奥多罗维奇
молодшая дружина　下等门客团
мопчаливое освобождение　默认释奴
Морозов　莫罗佐夫
Московская бургомистерская палата　莫斯科自治事务署
Московская губерния　莫斯科省
Московский разряд　莫斯科军务令省
Московское государство　莫斯科国
Мстиславские　姆斯季斯拉夫斯基家族
Муром　穆罗姆
Муромский уезд　穆罗姆县
надворные советники　七等文官
надворный суд　地方低级法庭
наёмные отживные крепости　存工待酬的依属关系
налог　税
наместники　地方行政长官
наместничество　地方军政长官制
Наумовы　纳乌莫夫家族
Начальная летопись　《本初编年史》
Нижегородская губерния　下诺夫哥罗德省
Нижегородский уезд　下诺夫哥罗德县
Новгород　诺夫哥罗德
Новгородская губерния　诺夫哥罗德省
новгородцы　诺夫哥罗德人
новики　初俸小贵族
ногаи　诺盖人
обельное холопство　完全家奴制
обер-офицеры　尉官
обжа　税亩
Оболенские　奥博连斯基家族
общество　社团
Овцин　奥夫岑
огнищане　掌火官
однодворец　自耕地主
однодворка　独户庄
Одоевские　奥多耶夫斯基家族
окладная книга　俸田册
окладчик　司俸
окольничие　近侍贵族
Олег　奥列格
Олонецкая губерния　奥洛涅茨省
Ольга　奥莉加
Орда　奥尔达
Орловская губерния　奥尔洛夫省
отроки (детские)　小门客
отсылка головой　请罪仪式
патриарх　总主教
Патрикеев-Гедимирович　帕特里凯耶夫-盖季米罗维奇
Пензинская губерния　奔萨省
Пенковы　片科夫家族
первая гильдия　一等商人
Переяславский уезд　佩列亚斯拉夫县
Пермская губерния　彼尔姆省
печенеги　佩切涅格人
Пинежский уезд　皮涅格县
Плещеев　普列谢耶夫
Плошинский　普洛申斯基

Победоносцев 博别多诺斯采夫
Повесть временных лет《往年纪事》，《编年序史》
повинность 役，义务
погоста 乡
пограничные казаки 边塞哥萨克
подать 人头税
подсоседники 随居者
подьячие 书吏
поземельное тягло 田亩税
полная грамота 完全家奴身契
Полоцк 波洛茨克
поляне 波利安人
поместная дача 实授俸田
поместное землевладенпе 俸田制
поместный оклад 俸田额
Поместный приказ 领地衙门
поместье 俸田
помещик 地主，俸田地主
Поплевин 波普列温
Порай-Кошиц 波拉伊-科希茨
порядная грамота 田租契
посадские люди городовые 外地城关百姓
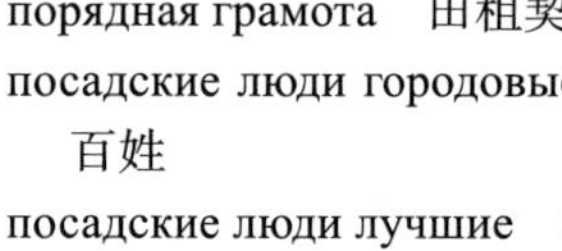
посадские люди лучшие 城关上户
посадские люди молодшие 城关下户
посадские люди средние 城关中户
посадские люди тяглые 城关纳税民
потомственные дворяне 世袭贵族
потомственные почетные граждане 世袭荣誉公民
пошлина 关税
привиллегия 特权
Пригара 普里加拉
придаток 身价
приказ 衙门
прикладнеи 舍奴

приставы 执行官
провинциальные секретари 十三等文官
провинция 省，郡
продажа 民事罚款
Прозоровские 普罗佐罗夫斯基家族
Пронские 普隆斯基家族
прощеники 赦奴
Прохирон 《普罗希隆法规》
Пруссия 普鲁士
псари 录事
Псков 普斯科夫
Псковская губерния 普斯科夫省
Псковская правда 《普斯科夫法典》
пушкари 炮兵
пущеники 释奴
пятина 行政区
рздимичи 拉基米奇人
разборщики 巡检官
Разрядный приказ 军政事务衙门
раскольники 分裂派
регистраторы при коллегиях 部委书办
Романович Славатинский 罗曼诺维奇-斯拉瓦金斯基
рейтары 重骑兵
ролейный закуп (наймит) 典身农
Ростовские 罗斯托夫斯基家族
Ростовский уезд 罗斯托夫县
Русская правда 《罗斯法典》
Руссы 罗斯人
Рязанская губераия 梁赞省
Рязань 梁赞
Ряжский уезд 里亚格县
Ряполовский 里亚波洛夫斯基
Сабуров 萨布罗夫
Салтыков 萨尔特科夫
Саратовская губерния 萨拉托夫省
Свод законов《法律汇编》

северяне　北方人
Сибирская губерния　西伯利亚省
словени　斯洛文尼人
слуга «под дворским»　廷下职役
слуги вольные　自由职役
слуги дворцовые　宫廷职役
служебные полномочия　职权
служебная кабала　典身契，劳役契
смерды　庶民
Смоленск　斯摩棱斯克
Смоленская губерния　斯摩棱斯克省
смутное время　混沌时期
солдаты　步兵
Соловецкий монастырь　索洛韦茨修道院
Соловьев　索洛维约夫
соседи　同居者
сословие　阶层
сотники　里正
сотские　同业会长
старосты　坊头，村长
старцы градские　城守
статские советники　五等文官
стольники　侍臣
страдные холопы　耕奴
странники　流浪者
стрельцы　枪兵
Строгановы　斯特罗加诺夫家族
стряпчие　侍从
судебник　法典
Сукины　苏金家族
суконная гостинная сотня　呢绒巨商会
суконники　呢绒商
тайные советники　三等文官
Тамбовская губерния　坦波夫省
татары　鞑靼人
Тверская губерния　特维尔省
Тверь　特维尔
таможенные головы　税关长
таможенная пошлина　关税
тиуны конюшние　牧头
Травин　特拉温
Тульская губерния　图拉省
Тучков　图奇科夫
тысячи　千人团
тяглые уездные　乡村纳税民
удел　领地
удельные князья　领主王公
удельные дворянские советы　县贵族议政会
Уложение 1649 года　《1649年法律大全》
урок　期俸
Устюжский уезд　乌斯久格县
Уфимская губерния　乌菲姆省
Фёдор Алексеевич　费奥多尔·阿列克谢耶维奇
фендрики　少尉
фискалы　监事
Фомин　福明
Фоминский　福明斯基
хазары　哈扎拉人
хамовники　宫廷台布织造工
Хованские　霍万斯基家族
Ховрин-Головин　霍夫林-戈洛温
холопство　家奴制
холопство докладное　呈报家奴
холопство жилое　契约家奴
холопство кабальное　典身家奴
холопство полное　完全家奴
холопы　家奴
холопы большие　大奴
холопы меньшие　小奴
холопы приказные　管家奴
холопы служилые　服役奴

Царьград　察里格勒
Царёв полк　御林军
целовальники　宣誓帮办，宣誓专务
церковные люди　附教人员
церковные слободы　教会坊
цех　行会
Челяднин　切利亚德宁
челядь　家奴，家仆
челядь дерноватая　草根仆
Черемисины　切列米辛家族
Чернигов　切尔尼戈夫
черное духовенство　黑衣教士团
черная слобода　平民坊
черная сотня　平民里
четь　切契
чины　品级
чины городовые　地方品级
чины думные　议政品级
чины служилые　服职品级
чины земские　庶民品级
чины московские　莫斯科品级
чины нетяглые　非纳税品级
чины провинциальные　外省品级
чины столичные　京都品级
чины служилые по отечеству　世袭服职品级
чины служилые по прибору　召募服职品级
чины тяглые　纳税品级
чичелин　奇切林
чуди　楚第人
Шеин　舍因
Шереметев　舍列梅捷夫
Шиль　希尔
Шуйские　叔伊斯基家族
Юрьев　尤里耶夫
Юрьевский уезд　尤里耶夫县
Яковль　亚科夫尔
Ярославль　亚罗斯拉夫尔
Ярославская губерния　亚罗斯拉夫省
Я рославские　亚罗斯拉夫斯基家族

图书在版编目(CIP)数据

俄国各阶层史/(俄罗斯)瓦·奥·克柳切夫斯基著;徐昌翰译. —北京:商务印书馆,2024
(汉译世界学术名著丛书:120年纪念版:珍藏本:增订本)
ISBN 978-7-100-23773-4

Ⅰ.①俄… Ⅱ.①瓦…②徐… Ⅲ.①社会阶层—研究—俄罗斯 Ⅳ.①D751.26

中国国家版本馆CIP数据核字(2024)第077959号

汉译世界学术名著丛书
(120年纪念版·珍藏本·增订本)
俄国各阶层史
〔俄〕瓦·奥·克柳切夫斯基 著
徐昌翰 译

商 务 印 书 馆 出 版
(北京王府井大街36号 邮政编码100710)
商 务 印 书 馆 发 行
北京中科印刷有限公司印刷
ISBN 978-7-100-23773-4

2024年5月第1版　　开本 710×1000 1/16
2024年5月北京第1次印刷　　印张 15½
定价:130.00元